# 「自家製酵母」で作る
# ワンランク上の
# 食パン、バゲット、カンパーニュ

太田幸子

# CONTENTS



## Pain de mie
パン・ド・ミ



## Campagne
カンパーニュ



## Baguette
バゲット

## Rustique
リュスティック



## パン教室で人気の お楽しみパン



### 作る前に

**[ ボウルとオーブンについて ]**

- 大・中ボウルは表記と同じ大きさか、なるべく近いものを用意すると、生地の発酵状態・大きさなどが参照しやすいです。
- オーブンの焼き時間は、電気の場合の目安です。ガスの場合は表記の温度より10度下げて焼いてください。機種や熱源によって多少時間が異なりますので、様子を見ながら調節してください。

**[ 元種と卵について ]**

- 元種は分離している場合があるので、一度よく混ぜてから使います。
- 卵はMサイズを使用しています。1個＝約60g・卵黄は20g前後です。卵を溶いてから計量してください。

**[ ベーカーズパーセントについて ]**

- ベーカーズパーセントとは、材料中の粉の総重量を100%として、それに対するそのほかの材料の割合を表したものです。分量を変えて作りたい場合にベーカーズパーセントを使えば、以下の計算方法で簡単に仕込み量を算出することができます。
- 粉の総重量(g) ×各材料のベーカーズパーセント＝材料の仕込み量(g)

## 少量で使いきる〝元種〟だから、マイペースに作れます

「少量で使いきる元種」
これが、私の自家製酵母のパン作りの自慢です。

家庭で手軽に作れるようにしたくて、
日々、試行錯誤を重ね、
この方法にたどり着きました。

冷蔵庫にレーズンエキスを作り置きしておけば、
パンを作りたいときに、この使いきる元種を起こします。
種継ぎはしないので、元種の管理がとても簡単です。
しかも、この元種は10時間ほどでできあがり、
一晩冷蔵庫に置いてから使うので、
元種起こしはパンを焼きたいタイミングに合わせることができます。

私の教室では週末ベイカーの生徒さんが多くいらっしゃいます。
週末に合わせて、元種を起こし、お家で自家製酵母パンを焼いて楽しんでいます。
毎日、元種のお世話をしなくても、自家製酵母のパン作りができるのです。

自家製酵母のパン作りは時間がかかる、面倒だ、
難しいという声をよく聞きますが、
むしろ、自分の時間に合わせて、
マイペースでパン作りをすることができると思います。

自分の手の中から作り出される
自家製酵母のパンの楽しさやおいしさ、感動を
この本で見つけていただけたら、
とっても、うれしいです。

太田幸子

# 自家製酵母パン作りの手順

ゆっくり、じっくり発酵が進む、自家製酵母のパン。初めにレーズンエキス起こしや、元種作りの工程があるので、パン作りができるまでに7日ほどの日数がかかります。ここで、自家製酵母パン作りの流れを知っておきましょう。

## 1 レーズンエキス起こし

**仕込み**

瓶にレーズンと水を入れて振り、暖かいところで発酵させる。

**できあがり**

3～4日でレーズンが浮き上がり、フルーティな発酵臭がしてくる。

## 2 元種作り

**1回目の培養**

容器に強力粉と塩、できあがったレーズンエキスを入れて混ぜ、暖かいところで発酵させる。

**2回目の培養**

6～8時間後に強力粉と塩、水を加えて混ぜ、暖かいところでさらに発酵させる。

**できあがり**

4～5時間置くとかさが2倍になって、細かい気泡がプクプクできる。

## 3 パン作り

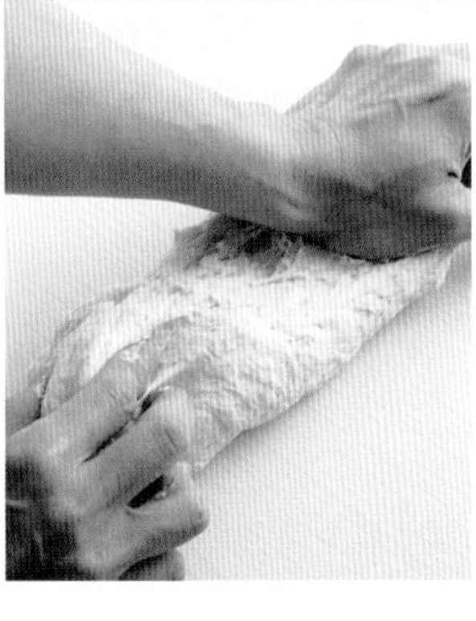

**こね**

できあがった元種と粉、塩、水などを合わせて混ぜ、途中、バターを練り込みながらこねる。

**一次発酵**

パンチを入れて、暖かいところで生地を２倍くらいの大きさに発酵させる。

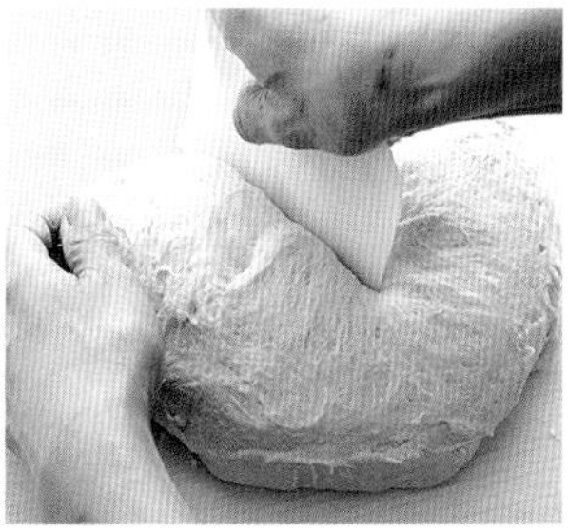

**分割**

カードで２～10分割(用途によって違う) して生地を丸める。

**ベンチタイム**

生地を休ませる。乾燥する時期は、ぬれぶきんなどをかける。

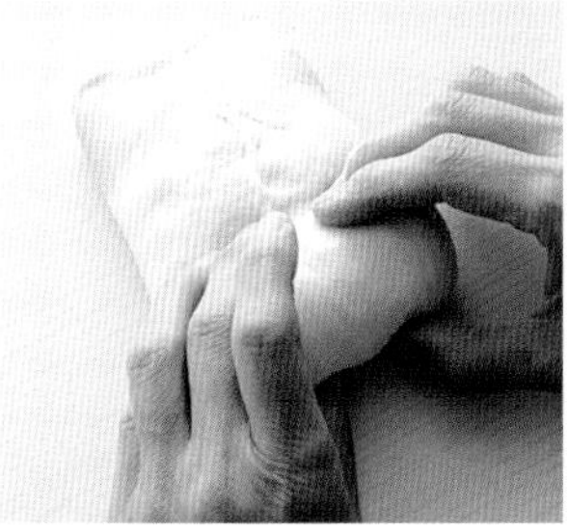

**成形**

生地をのばしたり丸めたりしながら、用途に合わせた形に整える。

**最終発酵**

型に入れたり、オーブンシートを敷いた天板にのせるなどして、暖かいところで発酵させる。

**焼成**

オーブンで焼き上げる。パンによっては、焼く前にクープを入れたり、上新粉をふったりする。

# レーズンエキスの起こし方

最初はレーズンエキスを起こすことから始めます。レーズンと水を瓶に入れて、暖かいところに置いておくだけ。シュワシュワッと勢いよく泡立ってくれば完成です。できあがり量は約240g。元種4〜5回分が作れます。

**[ 材料 ]**

オーガニックレーズン
（オイルコーティングしていないもの）……80g
水（浄水器を通した水道水）…………………240g

**容器について**

容量500㎖の密閉できる耐熱瓶。ふたはスクリュー式がベスト。冷蔵室にもぴったり入り、100円ショップで購入できます。

レーズンは必ずノンオイルコーティングのものを使います。原材料名に「植物油」と書かれていないのが目印。オイルつきのものは発酵しないので注意してください。

## 1日目

**混ぜる**

スケールに瓶をのせて、レーズン、水の順に、そのつど「ゼロ」に戻しながら計量する。

**振る**

ふたをギュッと閉めて、上下に10回くらい振ってなじませ、27度前後の暖かいところに置く。

**1日目の状態**

レーズンはすべて沈み、水は透明感があって何の変化もない。

## 2日目

**横からの状態**

**上からの状態**

レーズンが水を含んで2〜3倍にふくらみ、上のほうのレーズンが浮いてきて、水は薄く色づき始める。1日1回は瓶を上下に返す程度に振り、ふたを開けてガスを抜く。

## 3日〜7日目 完成！

**横からの状態**

**上からの状態**

レーズンの半分以上が液面より浮き上がり、ふたを開けると勢いよく泡立って、フルーティな発酵臭がしたらOK。ここからもう1日置いて、底に澱（白い沈殿物で酵母菌の集合体）が沈んできたら、できあがり。冷蔵室で保存する。

## 瓶の消毒法

エキスを起こす前に、使用する瓶とふたは必ず熱湯消毒をします。
これで雑菌が入らないので、カビ防止になります。
最初に瓶とふたを食器用洗剤で、手でなでるように洗い、
流水でよくすすいでから熱湯消毒します。

**1** きれいなシンクに瓶とふたを置き、瓶に熱湯を注ぎ入れて、しばらく湯をあふれさせる。

**2** ふたも同様にして、熱湯をたっぷりとかける。

**3** トングなどで瓶の縁を持って、中の湯を捨てる。熱いのでやけどに注意して。

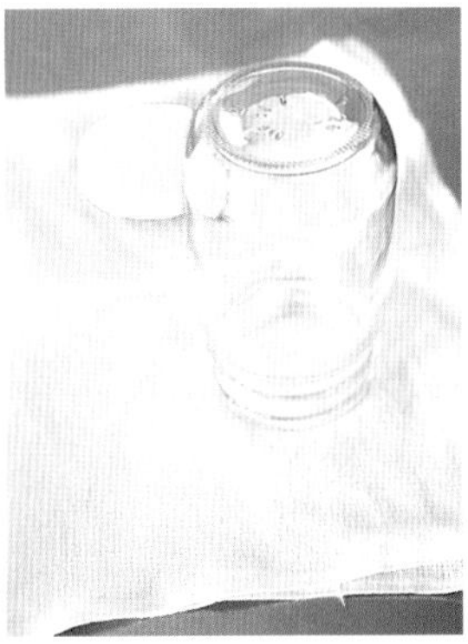

**4** 清潔なふきんに瓶とふたを伏せて置き、そのまま乾かす。

### ◈ 暖かい場所とは

酵母が発酵するのにベストな温度は27度前後。20度以下では発酵しにくく、30度以上になるとカビが発生しやすくなります。冬は暖房機の近くなどの暖かいところに。夏は湿気が少なく、日があたらない涼しいところを探して置くようにしましょう。どちらも直射日光は避けてください。

### ◈ レーズンエキスができるまでの日数は

・春と秋……4〜5日　・夏……3日　・冬……7〜10日

これはあくまでも目安です。季節や室内環境、レーズンの質によって、エキスができるまでの時間は変わります。温度変化があまりないところで起こすことも大切です。

### ◈ レーズンエキスの保管は

できあがったレーズンエキスは、レーズンを入れたまま冷蔵室で保存します。温度が一定な奥のほうへ入れると、約1か月持ちます。冷蔵室の中でもゆっくり発酵しているので、ときどきふたを開けてガスを抜いてください。

### ◈ もしカビが発生したら

でき始めの小さなカビなら、スプーンで取り除けば大丈夫です。レーズンの質によってカビが出ることもあるので、カビを取り除いても異臭や腐敗臭がする場合は、新しいレーズンでもう一度作り直してください。また、容器のふたの部分がサビているとカビの原因になるので、新しいものにかえましょう。

# 元種の作り方

レーズンエキスが起こせたら、次は元種を作ります。粉と塩にレーズンエキスを混ぜて、暖かいところで発酵させるだけ。培養を2回繰り返すことで発酵力が安定して、元気な元種ができます。できあがり量は約280g。パン2回分が作れます。

## [材料]

〈1回目の培養〉

強力粉（はるゆたかブレンド）……30g
塩……1g
レーズンエキス……50g

〈2回目の培養〉

1回目にできた元種……全量
強力粉（はるゆたかブレンド）……80g
塩……1g
水（浄水器を通した水道水）……120g

### 容器について

容量630㎖のポリプロピレン製の保存容器。底の面積が広いので発酵しやすく、発酵した状態も見やすいのが特徴。しかも、冷蔵室に収まりやすくて邪魔にならないという利点も。

### 容器の洗い方

食器用洗剤で洗って流水でよくすすぎ、自然乾燥させます（熱湯消毒は不要）。

### 混ぜるときのスプーン

平たくて深さのない計量スプーンの大さじを使います。エキスをすくったり、混ぜたりするのに使いやすくて便利。

## 当日

### 1回目の培養

スケールに容器をのせ、強力粉、塩、レーズンエキスの順に、そのつど「ゼロ」に戻しながら計量する。

平たい計量スプーンで混ぜる。少し粉っぽさが残っている程度でOK。

## 6～8時間後

当日の状態

気泡も何もなく、とろりとしている。ふたをして、27度前後の暖かいところに置いて6～8時間発酵させる。発酵時間は、季節や室内環境によって変わる。

上からの状態

横からの状態

かさが1.5倍くらいになり、底にプツプツと気泡が出て、表面がふかふかしてきたら、1回目の培養は終了。

**2回目の培養**

1回目の元種に強力粉と塩、水を入れ、平たい計量スプーンで混ぜる。少し粉っぽさが残っている程度でOK。ふたをして、27度前後の暖かいところに置いて4～5時間発酵させる。

## 4～5時間後 完成！

**上からの状態**

**横からの状態**

かさが2倍くらいになり、表面にプツプツと細かい穴があいて、底にも気泡がたくさん出ればできあがり。元種はすぐに使えるが、冷蔵室で一晩休ませると、より発酵力がついてパワーアップ。

### ◈ 元種の保管と使うときは

できあがった元種は冷蔵室で保管し、かき混ぜなければ2～3日持ちます。使うときは元種が分離しているので、かき混ぜてから使用します。一度混ぜてしまうと発酵力が落ちていくので、使いきるようにします。パン2回分で使いきることができます。もし少し残ったときは、新しく起こした元種と合わせて使ってください。

### ◈ 元種が発酵しにくいときは

室内の温度が低い場合や冬の寒いときは、発酵に時間がかかります。27度前後なら6～8時間で起きるところが、23度なら10～12時間かかることも。元種の様子を見ながら発酵時間を調節してみてください。ただし、元種は温度が低いと発酵しないので、20度以下にならないように気をつけてください。どうしても温度が低くなるときは、適温がキープできる家庭用の発酵器を使うのも手。ネットショップなどで購入できます。

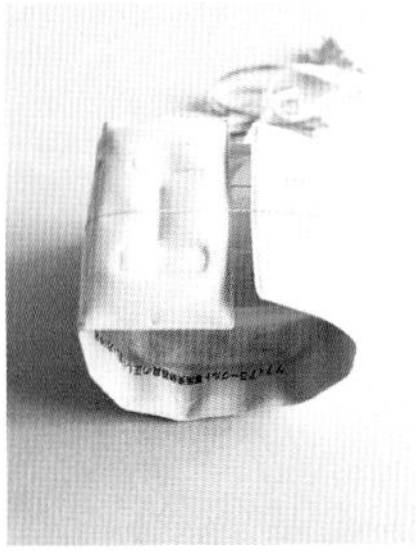

家庭でもっと上手に焼くための

# 自家製酵母のパン作り Q&A

自家製酵母のパン作りにまつわる疑問は
さまざまありますが、ここでは、
もう少し本格的なパンを焼きたい人のために、
上手にできるコツを7つ取り上げてみました。

## Q1

### 食パンは粉の中に水分を入れますが、ハード系のパンでは逆になっているのはなぜ？

カンパーニュやバゲットのようなハード系パンは、皮のパリパリ感やぼこぼこの気泡を出すために、こねすぎないことが原則です。そのためには、材料が早く混ざるようにしたいので、水分の中に粉を入れるようにしています。このほうが断然混ざりやすいので、こねたくない生地にはぜひおすすめ。でも、食パンやマフィンなどは通常通り、粉の中に水分を入れてもOKです。

## Q2

### 自家製酵母パンは、どうしてガス抜きをしないの？

自家製酵母の場合は、人工培養したイーストと比べると、発酵が安定しないのが特徴。一度ガスを抜いてしまうとぺちゃんこになって、なかなかふくらまなくなります。特にバゲットやリュスティックのように気泡を多く出したいものは、ガスを抜かないようにしましょう。ガスを散らすような感じで生地を扱うのがポイントです。成形のときは、布団をふわっと折りたたむような感じで、やさしく扱ってください。ここでギュッと押しすぎると、目の詰まった堅いパンになってしまいます。

## Q3

### カンパーニュやバゲットの生地は なぜ冷蔵室で冷やすのですか？

カンパーニュやバゲットのように水分量が多い生地は、どうしてもベタベタして扱いにくいもの。分割前に冷蔵室で 30 分～ 1 時間冷やすことで、生地がキュッと締まって扱いやすくなります。具材の多い生地も同じように冷蔵室でクールダウンすることで、グッと成形しやすくなり ます。この 2 つのパンは、こね上げたときの生地温度を低くするためにも、粉と水はあらかじめ冷蔵室で冷やしておくことが大切。

## Q4

### ベンチタイムや最終発酵のときに キャンバス地とぬれぶきんの 両方をかけるのは？

ハード系の場合、生地が乾燥するのを防ぐためにかけるもので、ぬれぶきんを直接かけると生地にくっついてしまうので、先にキャンバス地をかけます。乾燥する季節はこの 2 つをかけるのが原則ですが、成形後の生地がベタつくようなら、キャンバス地だけでもかまいません。また、カンパーニュなどバヌトンに入れて発酵させるときは、生地に直接ふれないようにすれば、ぬれぶきんだけでも OK。雨が降って湿度が高いときは、私はどちらもかけないこともあります。その日の気候や室内環境に合わせて臨機応変に対応してください。

## Q5

### 焼くときに、霧吹きでオーブンの奥に ぬるま湯を吹きかけるのはどうして？ 生地にかけてはいけないの？

霧を吹きかけるのは、生地をぬらすためではなく、オーブン内に蒸気を充満させるのが目的です。こうすると、皮がパリッとしてクープが開きやすくなります。オーブンの奥に向かって吹きかけることで、少ない量の蒸気でも生地全体にまわって、ふっくらと上手に焼き上がります。でも、生地に直接吹きかけてしまうと、ぬれすぎてクープがきれいに開かなくなるので注意してください。また、せっかく温めた庫内の温度を下げないように、水ではなく、やけどをしない程度の熱めのぬるま湯を使うこともポイントです。

## Q6

### ハード系のパンを焼くときに、 霧を吹いたあとオーブンのスイッチを 7分切るのはどうして？

生地が釜伸び（バーンとふくらむこと）するのは、最初の 7 分が勝負。ここでスイッチを切らないと、せっかく充満させた蒸気が熱風で飛んでしまい、クープの部分が乾いてしまいます。これではクープが開かないまま、焼き固まってしまいます。そうならないためにもスイッチを 7 分切って、庫内にたまった蒸気と熱だけでクープを一気に開かせましょう。もちろん、その間はオーブンを開けてはいけません。クープが開ききったところで、スイッチを入れて焼くと、形の美しいパンに仕上がります。

## Q7

### 焼くときに銅板や 石板を使うといいと聞きますが、 どんな効果があるのですか？

どちらも蓄熱効果を高めるために使います。下火としての役目も強く、庫内がいつまでも温かいので、パリッとした本格的な焼き上がりになります。銅板より石板のほうがさめにくいので、私は 2㎝厚さの石板を使っています。溶岩石なので遠赤外線効果があるのもお気に入り。ただし重くて扱いにくいのと、手に入りにくいので、初めてなら銅板をおすすめします。薄いものはあまり効果がないので、0.8 ～ 1㎜厚さがベスト。ここでは、石板や銅板のかわりに、天板を 1 枚入れて代用しています。ハード系のパンだけでなく、クロワッサンや食パンもおいしく焼けます。銅板はネットショップなどで購入できます。

# Pain de mie

パン・ド・ミとは、食パン型と呼ばれる四角い型で焼いたパンのことで、
角型食パン、山型食パン、ワンローフなどの種類があります。
毎日食べたいシンプルな食事パンから、レーズン、くるみまで人気の味をご紹介。
話題のしっとりしてやわらかい〝湯種パン〟も詳しく解説しています。

*pain carré*

# パン・カレ

そのままでも、トーストしても、サンドイッチにしてもおいしい、
飽きのこない角食パン。
ふたをして焼くことできめが細かく、ふんわりとやわらかいのが魅力です。
この口溶けのよさとリッチな味わいを出すために、
生クリームとバター、はちみつを入れたのがポイントです。

## [材料]（食パン1斤型1本分）

＊（　）：ベーカーズパーセント

強力粉（はるゆたかブレンド）……225g（90%）
強力粉（E65）……25g（10%）
塩……4g（1.5%）
洗双糖……5g（2%）
はちみつ……13g（5%）
水……100g（40%）
生クリーム（脂肪分36%）……13g（5%）
元種……113g（45%）
バター（食塩不使用）……13g（5%）
打ち粉（強力粉）……適量

＊大ボウル＝直径30cmのステンレス製
中ボウル＝直径21cmの耐熱プラスチック製
＊型の大きさ
1斤型：（上部）縦19×横9.5×高さ9cm／
（底）縦17×横8.5cm／（容積）1463cm³

## [準備]

- 型の内側とふたの裏側に、スプレーオイルを吹きかけておく。
- バターは室温でやわらかくしておく。

**こね**　＊ニーダーの場合は12分

**1**　大ボウルをスケールにのせ、強力粉を計量してざっと混ぜる。

**2**　中ボウルをスケールにのせ、塩、洗双糖、はちみつ、水の順に量りながら入れる。

**3**　ミニ泡立て器で混ぜてよく溶かす。

**4**　続いて、生クリーム、元種の順に加え、ミニ泡立て器でかたまりをくずすようにして混ぜる。

**5**　**4**の元種液を大ボウルに注ぎ入れる。

**6** カードで混ぜながら粉と水分をなじませ、ボウルの中でひとまとめにする。

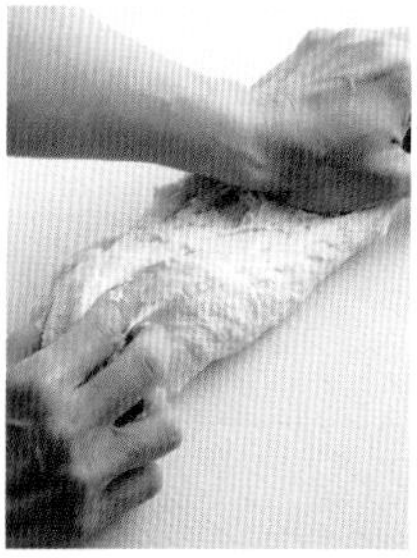

**7** 生地を台にのせ、手のつけ根で上からグッと押さえるようにのばし、手前に折りたたむ。向きを変えながら同様にしてよくこねる。

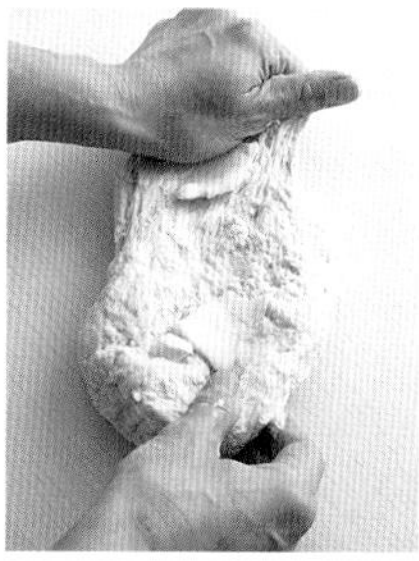

**8** 粉っぽさがなくなったらバターをちぎりながらのせ、生地の中に練り込む。

**9** さらに弾力が出るまでこねる。

**10** 表面がなめらかになったら、生地の表面を張らせるように丸め、底をつまんでしっかりとじる。

**11** きれいにした中ボウルにとじ目を下にして入れ、ラップをかける。

**一次発酵** | **27～28度** | **5～6時間**

**1** 27～28度で5～6時間発酵させる。生地がボウルの1/2強くらいの高さ(約2倍強)までふくらんだらOK。生地に打ち粉をふる。

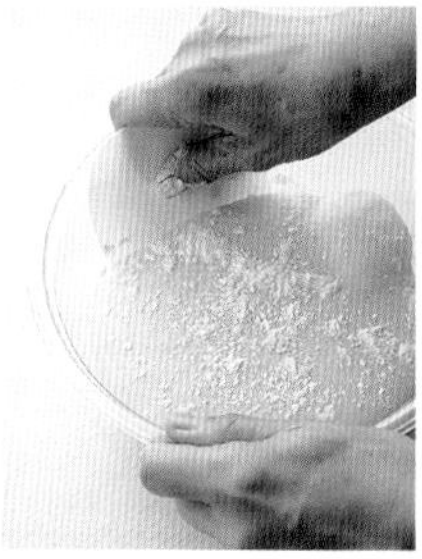

**2** カードを生地のまわりに差し込んで、ボウルからはがす。

**3** すぐに台にボウルを返して、自然に生地を出す。

**パンチを入れる**

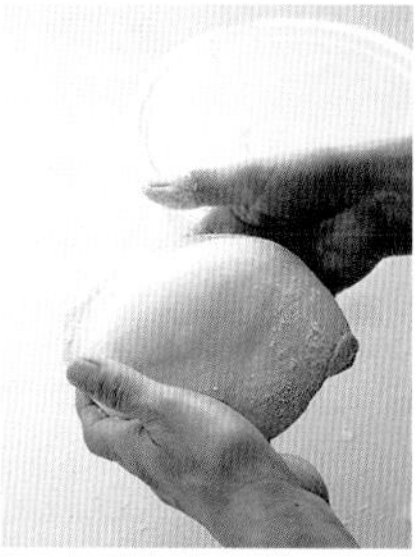

**4** 生地の表面を軽く張らせるようにまとめる(パンチ)。

**27～28度** | **2時間**

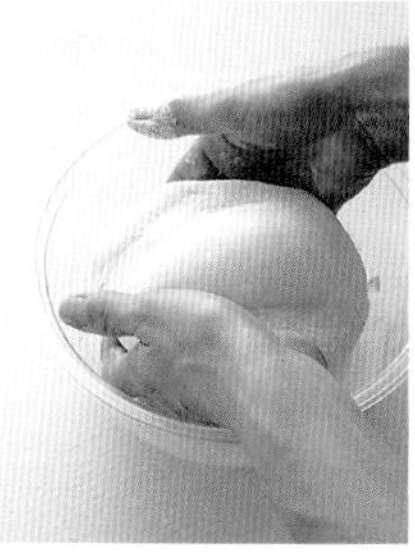

**5** 中ボウルに入れ、ラップをかけて27～28度で2時間ほど発酵させる。

**6** 生地がボウルの2/3くらいの高さ(約2.5倍)にふくらんだら、一時発酵終了。

**分割**

**1** 生地に打ち粉をふる。

**2** カードを生地のまわりに差し込んで、ボウルからはがす。

**3** すぐに台にボウルを返して、自然に生地を出す。

## ベンチタイム　20〜25度　20〜30分

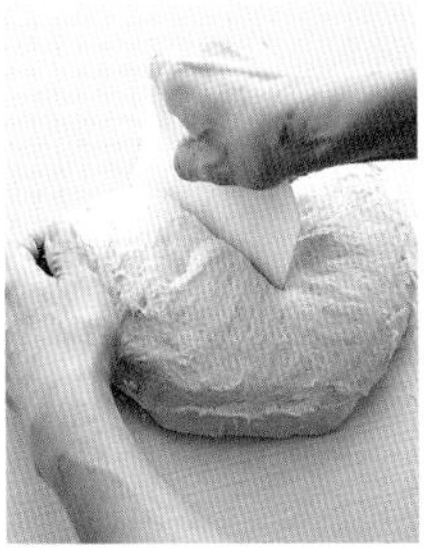

**4** カードで2分割にする。1個が250g前後になるように調整する。

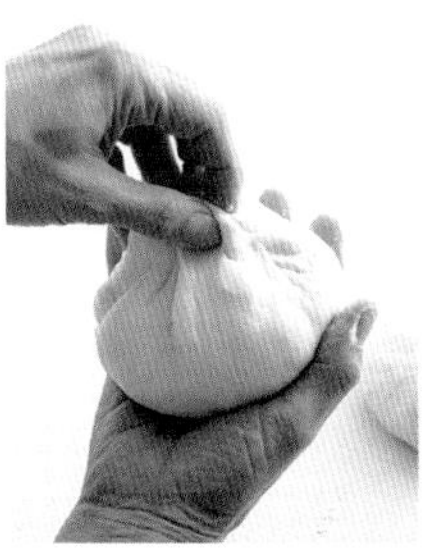

**5** 生地の表面を張らせるように丸め、底をつまんでとじ、とじ目を下にして台の上に置く。

20〜25度で20〜30分休ませる。冬場の乾燥する時期は、固く絞ったぬれぶきんをかけて、生地が乾燥しないようにする。

## 成形

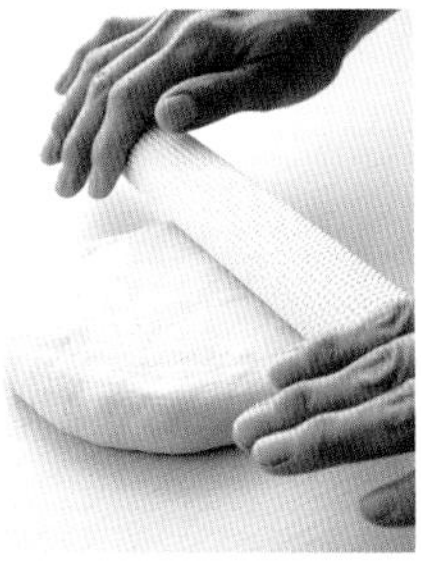

**1** 台にとじ目を下にして生地を置き、めん棒を中心から外に向かって転がしてガスを抜く。

**2** 生地をひっくり返し、めん棒で12×15cmくらいにのばす。

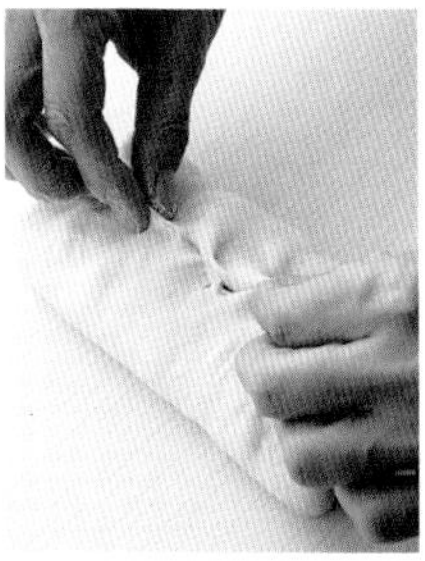

**3** 生地の両端を中心に向かって折り、合わせ目をつまんでとじる。

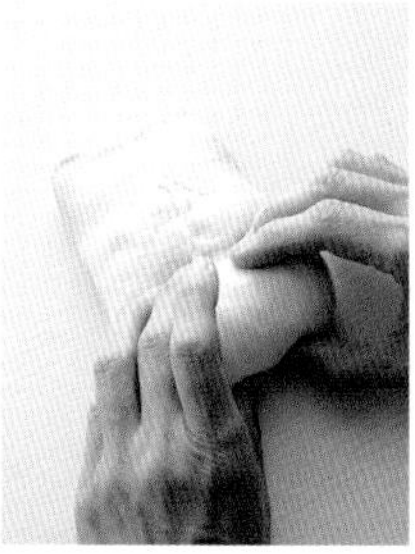

**4** 生地を縦に置いて、手前からややきっちりと巻く。

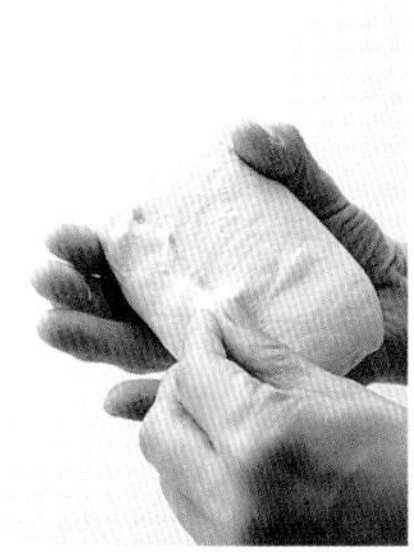

**5** 巻き終わりを軽くつまんでとじる。

**6** うず巻きの向きをそろえ、とじ目を下にして型に入れる。生地を型の両端につけて中央があくようにする。

## 最終発酵　27〜28度　60〜70分

27〜28度で60〜70分発酵させる。型の高さから3cm下くらいまでふくらんだら発酵終了。

## 焼成

コールドスタート

100度　10分
↓
150度　10分
↓
200度　25分

ふたをして天板にのせ、100度のオーブンで10分焼き、その後150度で10分焼く。さらに200度で25分焼き、型から出して金網にのせてさます。

＊低温で焼き始め、徐々に温度を上げて焼き上げるので、オーブンの予熱は不要。

*pain aux germes*

# 胚芽のパン・カレ

栄養の宝石と呼ばれる小麦胚芽。
いりごまの風味と相まって、香ばしさが格別です。
そのままもっちり感を味わってもよし、バターをぬってはちみつをかけたり、
チーズトーストにしたり……。幅広く楽しめます。

## [材料]（食パン1斤型1本分）

＊（　）：ベーカーズパーセント

| | |
|---|---|
| 強力粉（はるゆたかブレンド） | 225g（90%） |
| 強力粉（ゆめちから100%） | 25g（10%） |
| 小麦胚芽（ロースト） | 10g（4%） |
| 塩 | 2g（1%） |
| 洗双糖 | 8g（3%） |
| はちみつ | 8g（3%） |
| 牛乳 | 110g（44%） |
| 水 | 40g（16%） |
| 元種 | 113g（45%） |
| バター（食塩不使用） | 15g（6%） |
| 白いりごま | 15g（6%） |
| 打ち粉（強力粉） | 適量 |

＊大ボウル＝直径30㎝のステンレス製
　中ボウル＝直径21㎝の耐熱プラスチック製
＊型の大きさ＝1斤型：（上部）縦19×横9.5×高さ9㎝／
（底）縦17×横8.5㎝／（容積）1463㎤

## [準備]

- 小麦胚芽は、フライパンで焦げ茶色になるまで弱火でカラいりする。
- 型の内側とふたの裏側にスプレーオイルを吹きかけておく。
- バターは室温でやわらかくしておく。

## こね

＊ニーダーの場合は、最初は11分、いりごまを加えて3分

**1** 大ボウルに強力粉、小麦胚芽を入れ、カードでざっと混ぜる。

**2** 中ボウルに塩、洗双糖、はちみつ、牛乳、水を入れ、ミニ泡立て器で混ぜて溶かす。さらに元種を加えてよく混ぜる。

**3** **1**に**2**を一気に加えてカードで手早く混ぜる。まとまってきたら手で混ぜて粉と水分をなじませる。

**4** 生地がまとまったら台にのせ、粉っぽさがなくなるまでこねる。バターを練り込み、さらにこねる。

**5** 白いりごまを加えて、表面がつるんとなめらかになるまでこねる。

**6** 生地の表面を張らせるように丸め、底をつまんでとじ、とじ目を下にして中ボウルに入れてラップをかける。

**一次発酵** | 27～28度 | 5時間

↓

**パンチを入れる**

↓

27～28度 | 1時間30分～2時間

**1** 27～28度で5時間発酵させる。

**2** 生地がボウルの1/2強くらいの高さ（約2倍強）までふくらんだら打ち粉をふり、カードを生地のまわりに差し込んでボウルからはがす。

**3** 台にボウルを返して生地を出し、もう一度生地の表面を張らせるように丸め直し、とじ目を下にして中ボウルに入れる。ラップをかけて27～28度で1時間30分～2時間発酵させ、生地がボウルの2/3くらいの高さ（約2.5倍）までふくらんだら一次発酵終了ⓐ。

## 分割

**1** 生地に打ち粉をふり、カードを生地のまわりに差し込んで、ボウルからはがす。

**2** すぐに台にボウルを返して、自然に生地を出す。

**3** カードで2分割にする。1個が285g前後になるように調整する。

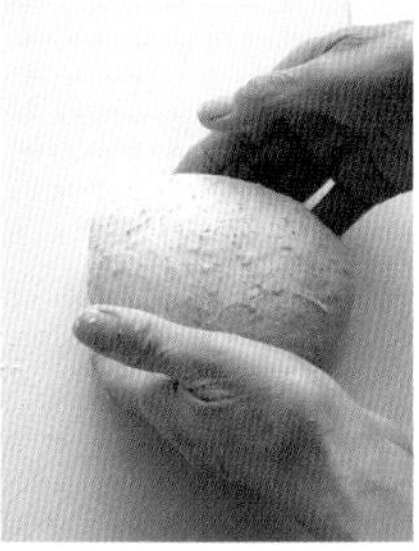

**4** 生地の表面を張らせるように丸め、底をつまんでとじ、とじ目を下にして台の上に置く。

## ベンチタイム | 20～25度 | 20分

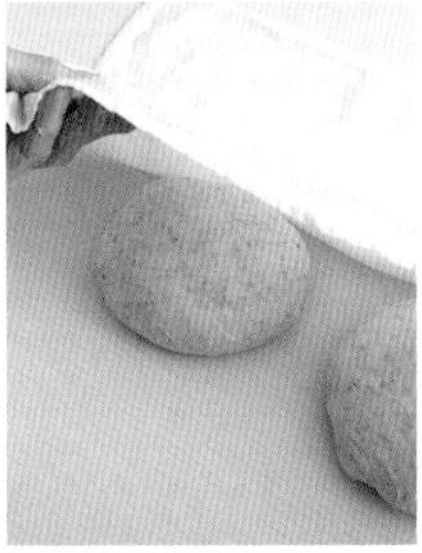

20～25度で20分休ませる。冬場の乾燥する時期は、固く絞ったぬれぶきんをかけて、生地が乾燥しないようにする。

## 成形

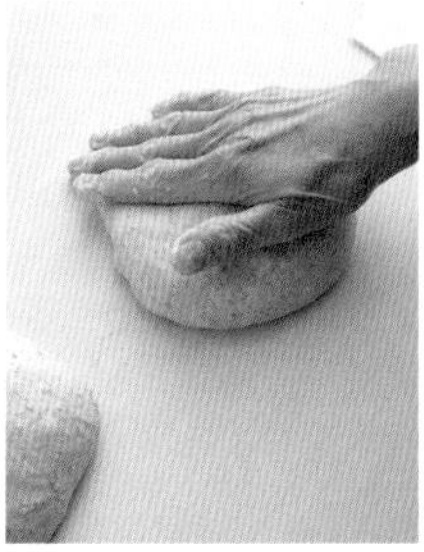

**1** とじ目を下にしたまま生地に打ち粉をふり、少したたきながら丸くする。まんべんなく軽くたたいてガスを抜く。

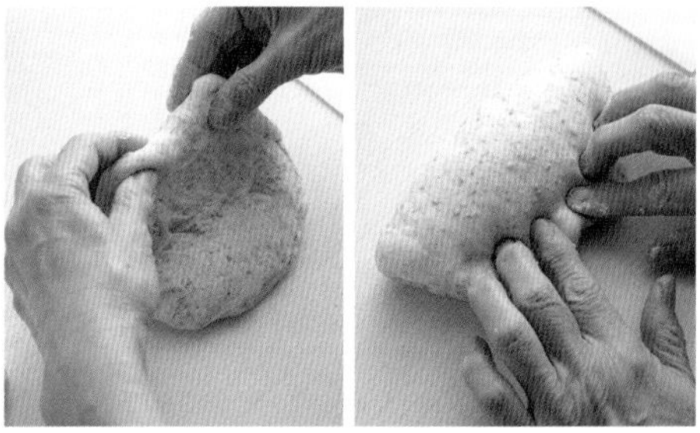

**2** ひっくり返して半分に折り、合わせ目をしっかりとじる。

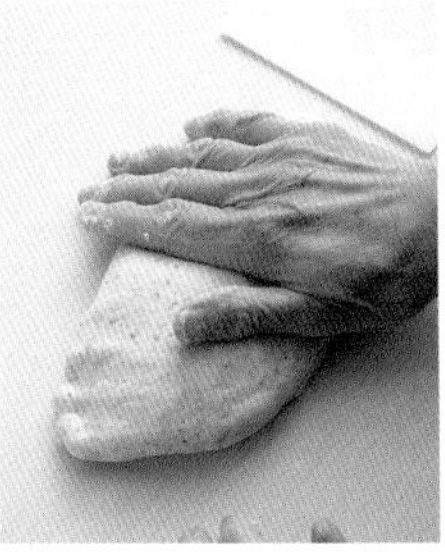

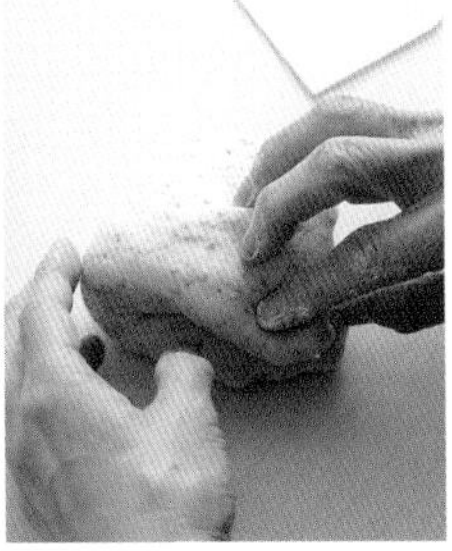

**3** 全体を軽く押してガスを抜き、さらに半分に折る。

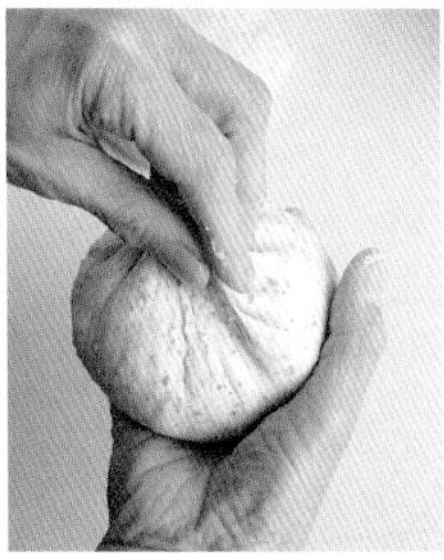

**4** 合わせ目を下にして表面を張らせるように丸め、底をつまんでしっかりとじる。

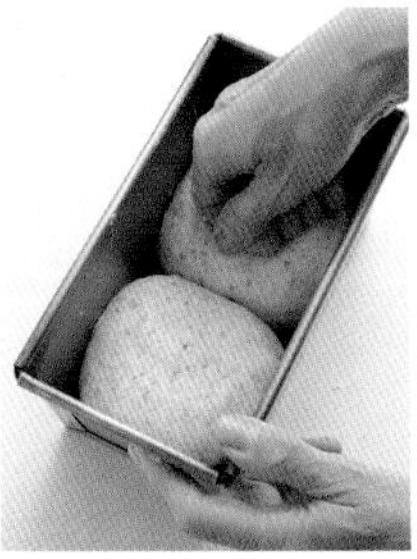

**5** とじ目を下にして型に入れ、げんこつで軽く押して生地を四隅まで均等にのばす。

## 最終発酵 | 27～28度 | 45分

**6** 指をまわりに差し込んで、生地をまんべんなく行き渡らせる。

27～28度で45分発酵させる。生地のてっぺんが型の縁から2.5cm下になれば発酵終了。

## 焼成

コールドスタート

100度 | 10分

↓

150度 | 10分

↓

200度 | 25分

型にふたをして天板にのせ、オーブンに入れて100度で10分焼く。その後150度にして10分焼き、さらに200度で25分焼く。型から出して金網にのせてさます。

＊低温で焼き始め、徐々に温度を上げて焼き上げるので、オーブンの予熱は不要。

*pain aux raisins*

# レーズンブレッド

甘酸っぱいレーズンが入ったパンは永遠の人気。
生地から飛び出さないよう、そして均等になるように
レーズンを層にしながら生地に混ぜ込んでいきます。
こんがり焼いたパンに溶けたバター……。これも絶品です。

### [材料]（食パン1斤型1本分）

＊（　）：ベーカーズパーセント

| | |
|---|---|
| 強力粉（はるゆたか100%） | 250g（100%） |
| 塩 | 3g（1.2%） |
| 洗双糖 | 13g（5%） |
| はちみつ | 13g（5%） |
| 卵黄 | 15g（6%） |
| 生クリーム（脂肪分36%） | 25g（10%） |
| 牛乳 | 113g（45%） |
| 元種 | 113g（45%） |
| バター（食塩不使用） | 25g（10%） |
| ラムレーズン | 125g（50%） |
| 卵白（ぬり用） | 適量 |
| 打ち粉（強力粉） | 適量 |

＊大ボウル＝直径30cmのステンレス製
中ボウル＝直径21cmの耐熱プラスチック製
＊型の大きさ
1斤型：（上部）縦19×横9.5×高さ9cm／（底）縦17×横8.5cm／（容積）1463㎤

### [準備]

- 型の内側に、スプレーオイルを吹きかけておく。
- バターは室温でやわらかくしておく。

### こね　＊ニーダーの場合は13〜14分

**1**　大ボウルに強力粉を入れる。

**2**　中ボウルに塩、洗双糖、はちみつ、卵黄を入れ、ミニ泡立て器ですり混ぜる。

**3**　さらに生クリーム、牛乳、元種を加えてよく混ぜる。**1**に**2**を加えて混ぜる。

**4**　生地がまとまったら台にのせ、粉っぽさがなくなるまでこねる。バターを練り込み、表面がつるんとなめらかになるまでよくこねる。

**5**　台に生地を丸めて置き、手で押して手のひら大に丸くのばす。上半分にラムレーズンの半量強をのせ、軽く押さえる。

**6**　カードで生地を横半分に切り、切った生地をラムレーズンの上に重ねる。

**7** 左半分に残りのラムレーズンの半量強をのせ、カードで縦半分に切って、切った生地を上に重ねて4層にする。

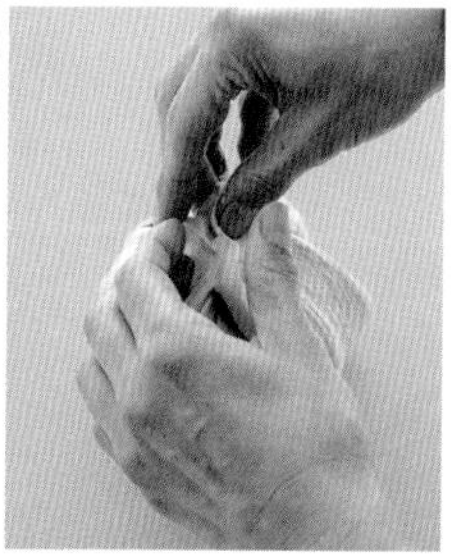

**8** 最後に残りのラムレーズンをのせ、両端を持ち上げて包む。さらに三角の頂点を持ち上げて具をおおうように包み込む。

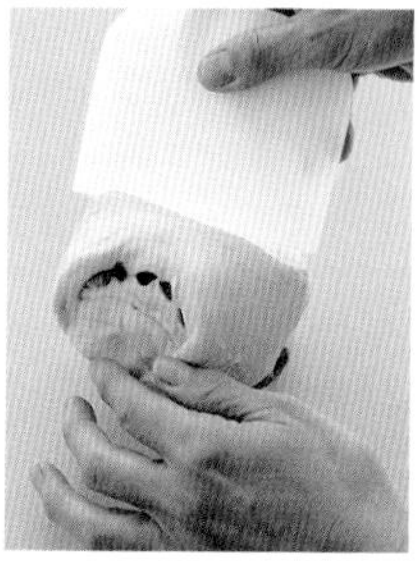

**9** カードでひっくり返して、具が出ないように丸める。

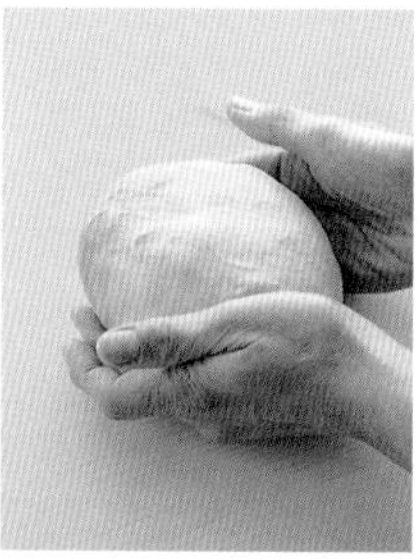

**10** 底に生地を集めてつまんでとじ、とじ目を下にして中ボウルに入れ、ラップをかける。

**一次発酵** | **27～28度** | **6時間**

**1** 27～28度で6時間発酵させる。生地がボウルの2/3くらいの高さ（約2.5倍）までふくらんだらOK。

**2** 生地に打ち粉をふり、カードを生地のまわりに差し込んでボウルからはがす。

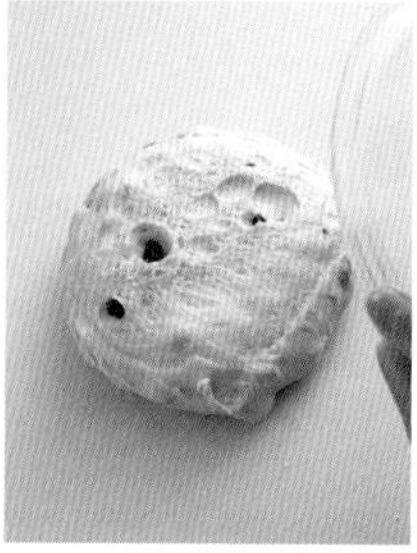

**3** 台にボウルを返して自然に生地を出す。

**パンチを入れる**

**4** 生地の表面を張らせるように軽くまとめて丸め直し、とじ目を下にして中ボウルに入れる。

**27～28度** | **2時間**

**5** ラップをかけて27～28度で2時間発酵させる。

**6** 生地がボウルの2/3強くらいの高さ（約2.5倍強）までふくらんだら一次発酵終了。

**分割**

**7** 生地に打ち粉をふり、カードを生地のまわりに差し込んでボウルからはがす。

**8** 台にボウルを返して自然に生地を出す。

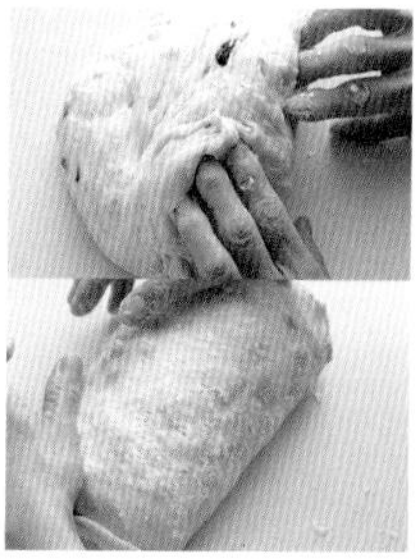

**9** 生地を手前からくるりと巻き、とじ目を下にして俵形に整える（分割はしない）。

## ベンチタイム 20～25度 20分

20～25度で20分休ませる。冬場の乾燥する時期は、固く絞ったぬれぶきんをかけて、生地が乾燥しないようにする。

## 成形

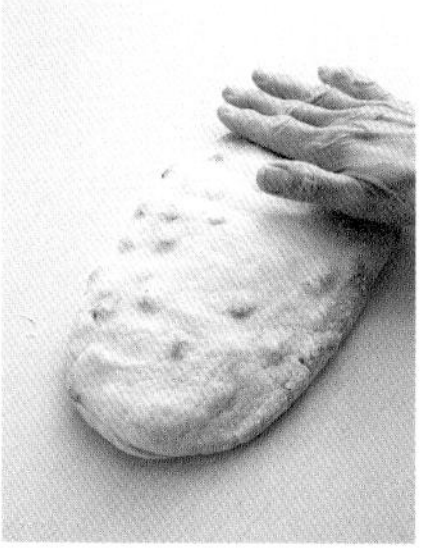

**1** とじ目を下にしたまま生地に打ち粉をふり、手でまんべんなく左右に軽くたたいてガスを抜く。

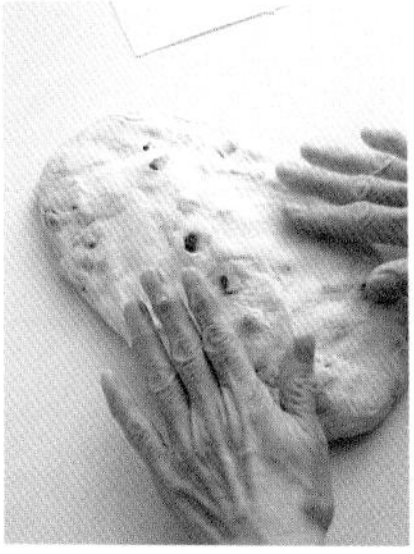

**2** 生地を裏返して縦に置く。表面を軽くたたいてガス抜きし、平らにする。

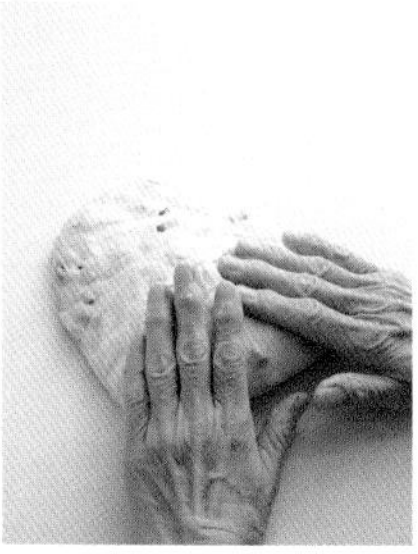

**3** 手前の生地を中央まで折る。

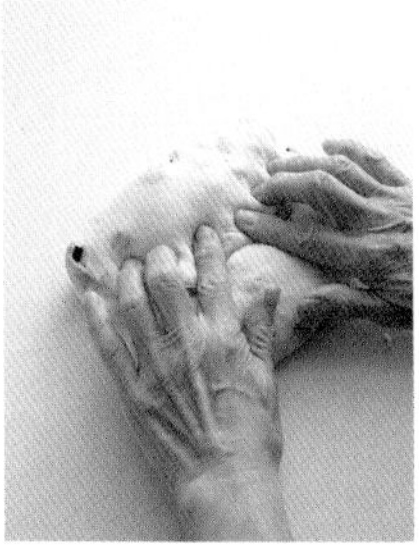

**4** 向こう側の生地も中央まで折る。

**5** 手前の両端を中心に向けて折る。さらに向こう側の両端も中心に向けて折る。

**6** 中央の合わせ目を中に入れるようにして2つ折りにし、とじ目をつまんでとじる。なまこ形に整える。

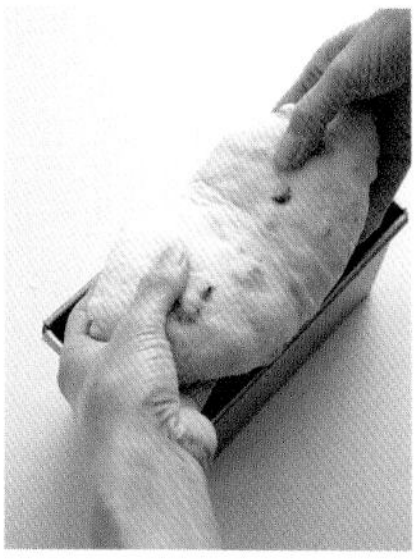

**7** とじ目を下にして型に入れる。

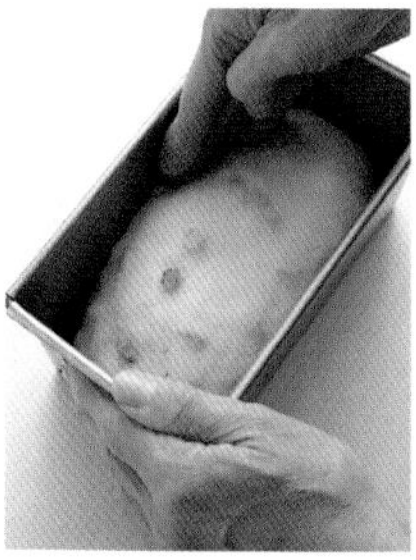

**8** 指をまわりに差し込んで、生地をまんべんなく行き渡らせる。

## 最終発酵 27～28度 1時間30分

27～28度で1時間30分発酵させる。生地のてっぺんが型の縁と同じ高さになれば発酵終了。

## 焼成

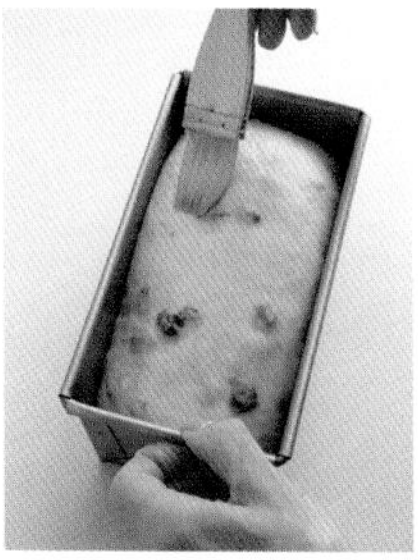

生地の表面に卵白をハケでぬる。これでつやが出る。

**コールドスタート**

100度 10分
↓
150度 10分
↓
200度 25分

天板にのせてオーブンに入れ、100度で10分焼く。その後150度にして10分焼き、さらに200度で25分焼く。型から出して金網にのせてさます。

＊低温で焼き始め、徐々に温度を上げて焼き上げるので、オーブンの予熱は不要。

*pain aux noix*

# くるみのパン

焼きたてのふわふわ～、
もちもち～が至福の瞬間。
自家製だからこその贅沢をぜひ味わってください。
くるみは生地に練り込むようにしてこねると
ほんのりとくるみの色がついてかわいいです。

**[ 材料 ]**（縦14×横9.5×高さ5cmのパニムール型2個分）
＊（　）：ベーカーズパーセント

| | |
|---|---|
| 強力粉（はるゆたかブレンド） | 221g（96%） |
| はるゆたか石臼びき全粒粉 | 9g（4%） |
| 塩 | 2g（1%） |
| はちみつ | 12g（5%） |
| 牛乳（よつば4.0） | 129g（56%） |
| 元種 | 104g（45%） |
| バター（食塩不使用） | 18g（8%） |
| くるみ（有機） | 64g（28%） |
| 牛乳（ぬり用） | 適量 |
| 打ち粉（強力粉） | 適量 |

＊大ボウル＝直径30cmのステンレス製
　中ボウル＝直径21cmの耐熱プラスチック製

**[ 準備 ]**

・くるみは150度のオーブンで10分焼き、砕いておく。
・バターは室温でやわらかくしておく。

### こね

＊ニーダーの場合は、最初は9分、くるみを加えて3分

**1** 大ボウルに強力粉、全粒粉を入れ、カードでざっと混ぜる。

**2** 中ボウルに塩、はちみつ、牛乳を入れ、ミニ泡立て器で混ぜて溶かす。さらに元種を加えてよく混ぜる。

**3** **1**に**2**を一気に加えてカードで手早く混ぜる。まとまってきたら手で混ぜて粉と水分をなじませる。

**4** 生地がまとまったら台にのせ、粉っぽさがなくなるまでこねる。バターを練り込み、さらにこねる。

**5** くるみを加えてこね、生地にくるみの色が移り、表面がつるんとなめらかになるまでこねる。

**6** 生地の表面を張らせるように丸めて底をつまんでとじ、とじ目を下にして中ボウルに入れてラップをかける。

### 一次発酵　27〜28度　5時間

↓

パンチを入れる

↓

27〜28度　1時間30分〜2時間

**1** 27〜28度で5時間発酵させる。生地がボウルの1/2くらいの高さ（約2倍）までふくらんだら打ち粉をふり、カードを生地のまわりに差し込んでボウルからはがす。

**2** 台にボウルを返して生地を出し、もう一度丸め直し、とじ目を下にして中ボウルに入れる。ラップをかけて1時間30分〜2時間発酵させ、生地がボウルの1/2強くらいの高さ（約2倍強）までふくらんだら一次発酵終了ⓐ。

### 分割

**1** 生地に打ち粉をふり、カードを生地のまわりに差し込んで、ボウルからはがす。すぐに台にボウルを返して、自然に生地を出す。

**2** カードで4分割にしⓑ、1個が140g前後になるように調整するⓒ。

**3** 生地の表面を張らせるように丸め、底をつまんでとじ、とじ目を下にして台の上に置く。

### ベンチタイム　20〜25度　20分

20〜25度で20分休ませる。冬場の乾燥する時期は、固く絞ったぬれぶきんをかけて、生地が乾燥しないようにするⓓ。

### 成形

**1** 生地を丸め直して、底をつまんでしっかりとじるⓔ。

**2** とじ目を下にしてパニムール型に2個ずつ入れるⓕ。

### 最終発酵　27〜28度　50分

27〜28度で50分発酵させる。生地がひとまわり大きくなったら発酵終了ⓖ。
＊オーブンを220〜230度で予熱しておく

### 焼成　200度　16分

**1** 生地の表面に牛乳をハケでぬるⓗ。

**2** 天板にのせて予熱したオーブンに入れ、200度で16分焼き、金網にのせてさます。

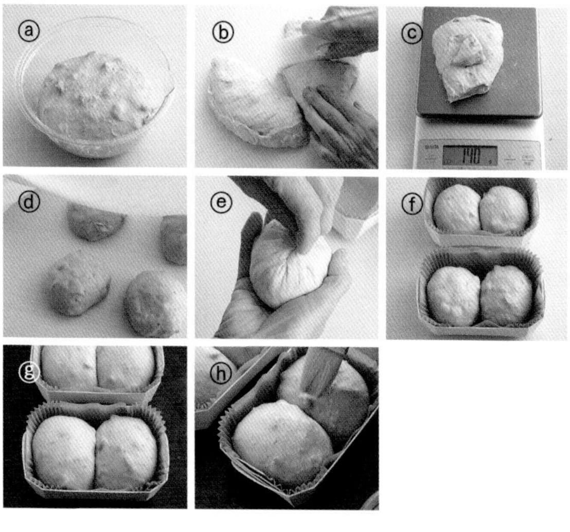

*pain roux à l'eau*

# 湯種食パン

型にふたをしないで焼いた、山形のパンです。
熱湯で粉を混ぜた「湯種」を加えることで
やわらかくてしっとり、もっちりした食感に。
飲めるパンとも言われるほど、どんどん進んでしまうおいしさ。
酵素の効果で甘さも出るので、幅広い層に人気です。

## [ 材料 ] (食パン1斤型1本分)

＊( )：ベーカーズパーセント

【湯種用】

強力粉(はるゆたか100%) ……75g (25%)
熱湯 ……105g (35%)

【本こね用】

強力粉(はるゆたか100%) ……225g (75%)
塩 ……3g (1%)
洗双糖 ……11g (3.5%)
元種 ……135g (45%)
牛乳(よつば4.0) ……150g (50%)
バター(食塩不使用) ……30g (10%)
打ち粉(強力粉)・上新粉 ……各適量

＊大ボウル＝直径30cmのステンレス製
中ボウル＝直径21cmの耐熱プラスチック製
＊型の大きさ
1斤型：(上部) 縦19×横9.5×高さ9cm／
(底) 縦17×横8.5cm／(容積) 1463cm³

## [ 準備 ]

- 型の内側に、スプレーオイルを吹きかけておく。
- バターは室温でやわらかくしておく。

## 湯種を作る →

**1** 湯種を作る(生地を仕込む前日にやる)。中ボウルに強力粉を入れて熱湯(必ず沸騰しているもの)を注ぎ入れる。

**2** ゴムべらで手早く混ぜ、粘りけが出るまで練り混ぜる。多少粉っぽさがあってもOK(練り上げ温度は約60度)。

**3** 粗熱がとれたら生地に貼りつけるようにラップをし、さらに普通にラップをかける。冷蔵室で12時間寝かせる。

## こね ＊ニーダーの場合は16～17分 →

**4** 本こねをする。牛乳を**3**に注ぎ入れる。

**5** 湯種をくずすようにしてゴムべらで混ぜ、10分くらい置いてゆるませる。塩、洗双糖、元種を加えてざっと混ぜる。

**6** 大ボウルに強力粉を入れ、**5**を加える。ボウルについている種はゴムべらできれいにぬぐって入れる。

**7** カードでまわりから切るように混ぜながら粉と水分をなじませ、ボウルの中でひとまとめにする。

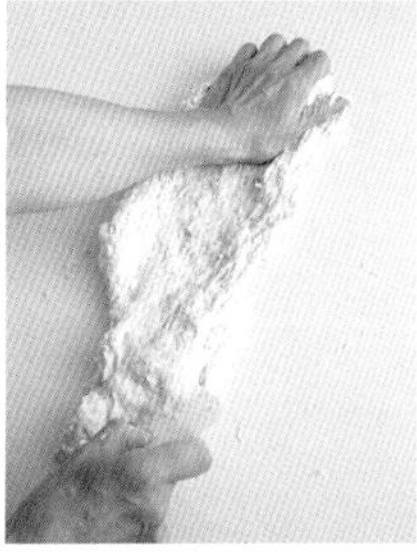

**8** 台に生地をのせ、台にこすりつけるようにしてこねる。

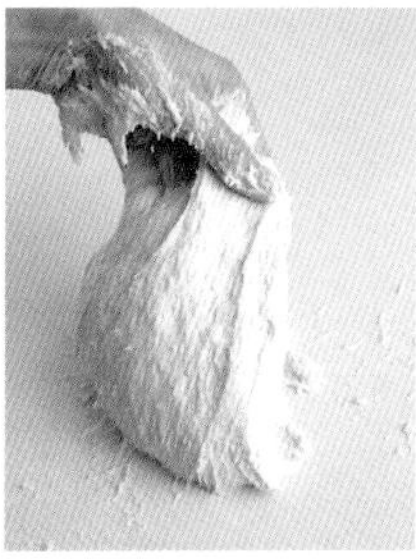

**9** 生地がまとまってきたら、台にたたきごねを100回ほど繰り返す。グルテンが形成される。

**10** 生地がベトつかなくなり、なめらかになるまでが目安。

**11** 生地を丸く広げ、バターをこすりつけるようにして全体にのせる。

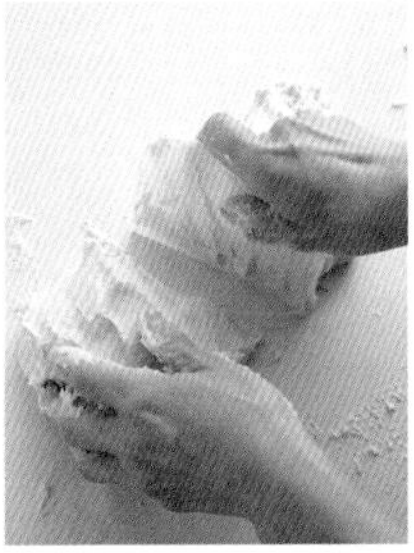

**12** カードで生地を半分に切る。

**13** 切った生地を重ねる。

**14** 台にこすりつけるようにしてこねる。さらにたたきごねを100回ほど繰り返し、グルテンを強める。

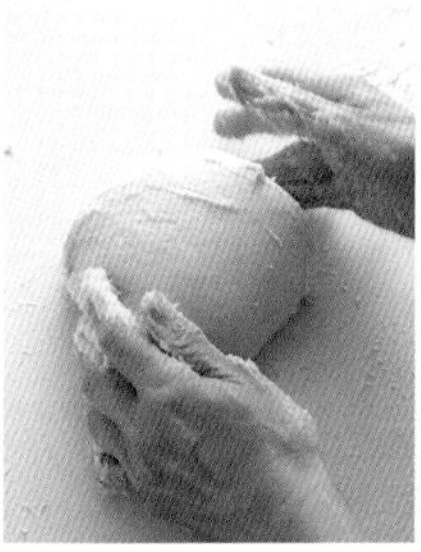

**15** 生地がなめらかになったら表面を張らせるように丸め、底をつまんでとじる。とじ目を下にして中ボウルに入れ、ラップをかける。

**一次発酵** | 27～28度 | 5～5時間30分

**1** 27～28度で5～5時間30分発酵させる。

**2** 生地がボウルの2/3くらいの高さ(約2.5倍)にふくらんだらOK。

**3** 生地に粉をふり、カードを生地のまわりに差し込んでボウルからはがす。台にボウルを返して自然に生地を出す。

**パンチを入れる**

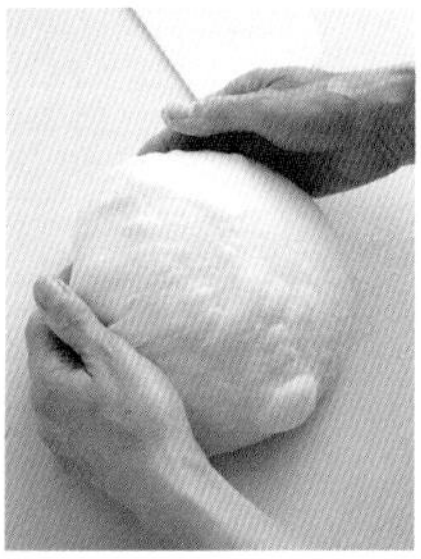

**4** 生地の表面を張らせるように軽く丸め直す(パンチ)。

27～28度 | 2時間

**5** 中ボウルに戻してラップをかけ、27～28度で2時間発酵させる。

**6** 生地がボウルの2/3強くらいの高さ(約2.5倍強)にふくらんだら一次発酵終了。

## 分割

**1** 生地に打ち粉をふり、カードを生地のまわりに差し込んでボウルからはがす。台にボウルを返して自然に生地を出す。

**2** カードで2分割にする。1個が350〜360gになるように調整する。

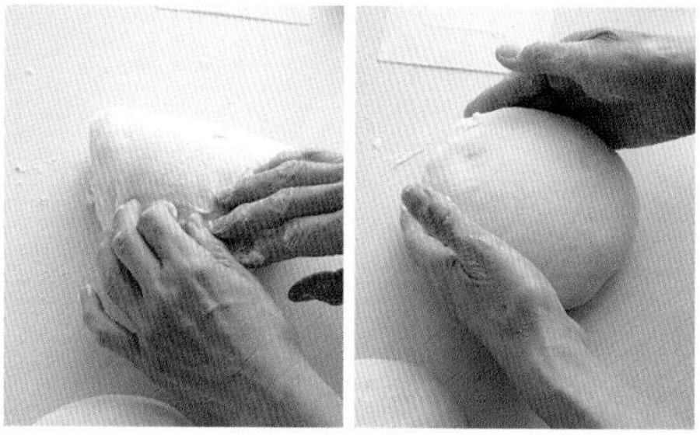

**3** 生地を半分に折るようにして、ガスを抜かないように手早く丸める。

## ベンチタイム | 20〜25度 | 20分

20〜25度で20分休ませる。

## 成形

**1** 台に打ち粉をふってとじ目を下にしたまま生地をのせ、直径15㎝くらいに手でのばす。全体を軽く押してガスを抜く。

**2** 裏返して同様にしてガスを抜く。

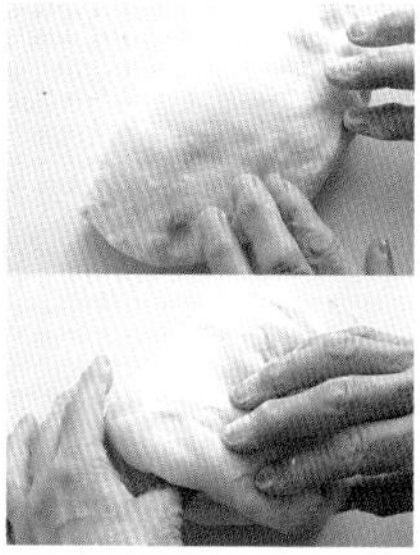

**3** 半分に折って軽く押してガスを抜き、さらに半分に折る。

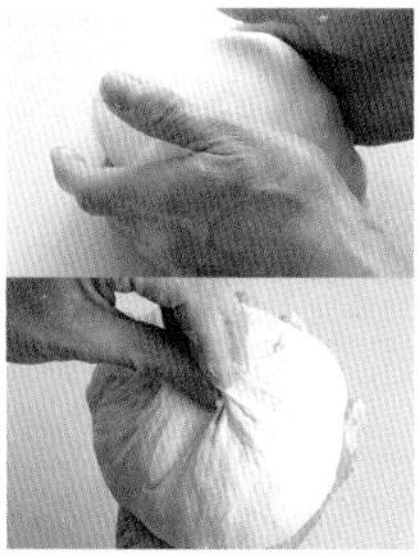

**4** 生地の表面を張らせるように軽く丸め、底をつまんでとじる。

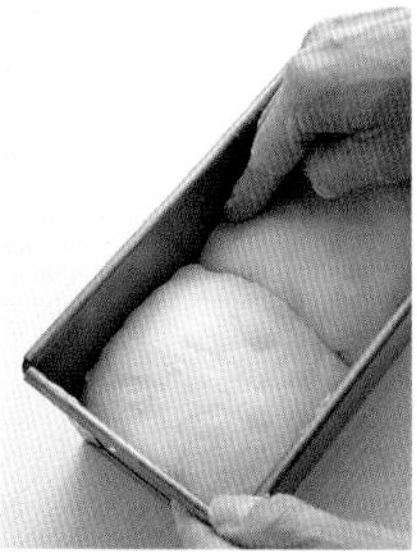

**5** とじ目を下にして生地を型に入れる。指をまわりに差し込んで生地をまんべんなく行き渡らせる。

## 最終発酵 | 27〜28度 | 1時間

27〜28で1時間発酵させる。生地のてっぺんが型の縁と同じ高さになれば発酵終了。

## 焼成

コールドスタート

100度 | 10分
↓
150度 | 10分
↓
200度 | 25分

生地の表面に霧吹きで水をひと吹きし、上新粉を茶こしでふる。型を天板にのせてオーブンに入れ、100度で10分、150度で10分、200度で25分焼く。型から出して金網にのせてさます。

*低温で焼きはじめ、徐々に温度を上げて焼き上げるので、オーブンの予熱は不要。

# Campagne

気泡がたくさん入ったワイルドな見た目と、
ライ麦粉や全粒粉の素朴な味わいが魅力のフランスの〝田舎風パン〟。
このカンパーニュが作りたくて私の教室に来る生徒さんも多い人気のハード系パンです。
焼きたてよりさめてからのほうがおいしさが増し、2〜3日楽しめます。

*campagne*

# カンパーニュ

皮はパリパリッとしてて、中身はしっとり、もっちり。
その食感を出すために強力粉は「はるゆたか」を使いました。
皮のサクみ感を出すためには、生地をこねすぎないことと、
発酵させすぎないことが最大のポイントです。
そして、「バヌトン」といわれる専用のかごに入れて発酵させることで、
おなじみの縞々模様をつけています。

**[材料]**（直径19cmの丸いバヌトン1個分）　＊（　）：ベーカーズパーセント

強力粉（はるゆたかブレンド）……187g（75%）
はるゆたか石臼びき全粒粉……50g（20%）
ライ麦全粒粉（粗びき）……13g（5%）
塩……5g（2%）
はちみつ……5g（2%）
水……115g（46%）
元種……113g（45%）
打ち粉（強力粉）……適量
ライ麦全粒粉（バヌトン用）……適量

＊大ボウル＝直径30cmのステンレス製
　中ボウル＝直径21cmの耐熱プラスチック製
＊夏は粉類と水を冷やす。

## こね

**1** 大ボウルをスケールにのせ、塩、はちみつ、水の順に量りながら入れ、ミニ泡立て器で混ぜて溶かす。

**2** 元種は分離しているので使う前によく混ぜ、大ボウルに加えてミニ泡立て器で混ぜる。

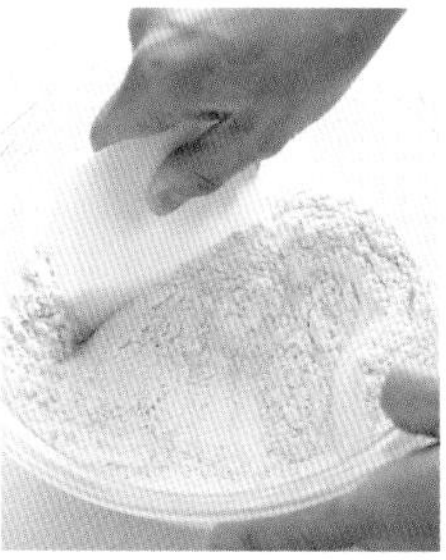

**3** 中ボウルをスケールにのせ、強力粉、全粒粉、ライ麦全粒粉の順に、量りながら入れる。このあと、カードでざっと混ぜる。

**4** 粉類を大ボウルに一気に加える。

**5** カードで全体を手早く混ぜる。生地がまとまってきたら、手でギュッと押さえつけるようにして混ぜ、粉と水分をなじませる。生地がまとまったら台の上にのせる。

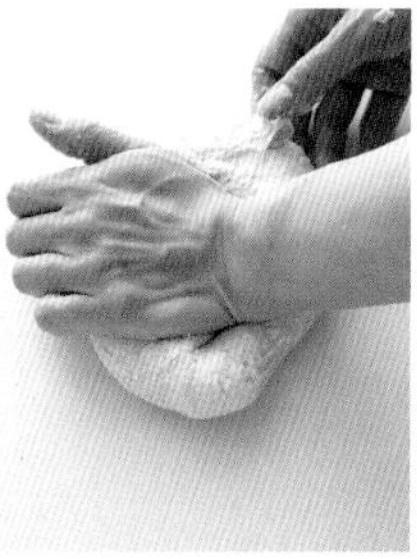

**6** 手のつけ根でグッと押さえるようにしてのばし、手前に折りたたむ。向きを変えながら同様に数回こね、粉っぽさがなくなったら終了。多少ザラつきがあってもOK。

**7** 生地の表面を張らせるようにして丸め、底をつまんでしっかりとじる。

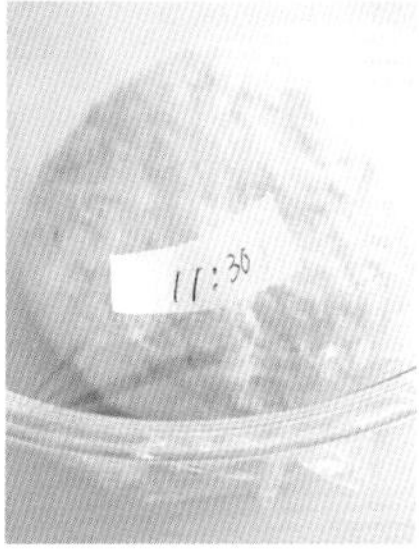


**8** きれいにした中ボウルにとじ目を下にして入れ、ラップをかける。

## 一次発酵 25度 5時間

**1** 25度で5時間発酵させる。生地がボウルの1/2くらいの高さ（約2倍）までふくらんだらOK。

**2** 生地に打ち粉をふり、カードを生地のまわりに差し込んでボウルからはがす。すぐに台にボウルを返して自然に生地を出す。

## パンチを入れる 25度 2時間

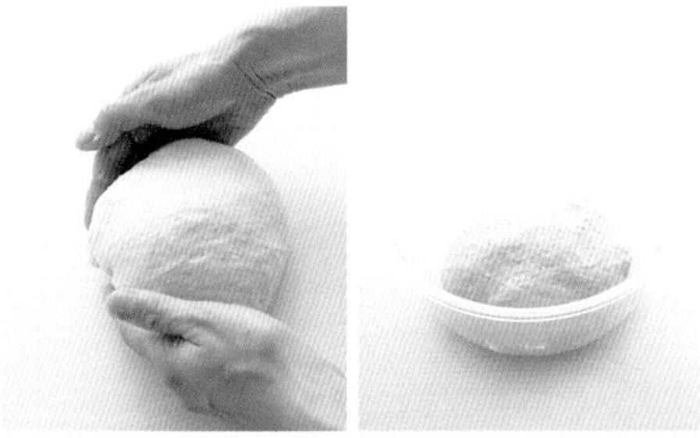

**3** 生地の表面を軽く張らせるようにして丸め直す（パンチ）。とじ目を下にして中ボウルに入れ、ラップをかけて25度で2時間ほど発酵させる。

## 冷蔵室 30分

**4** 生地がボウルの2/3くらいの高さ（約2.5倍）までふくらんだら、一次発酵終了。冷蔵室で30分冷やす（生地温度は約20度）。

## 分割

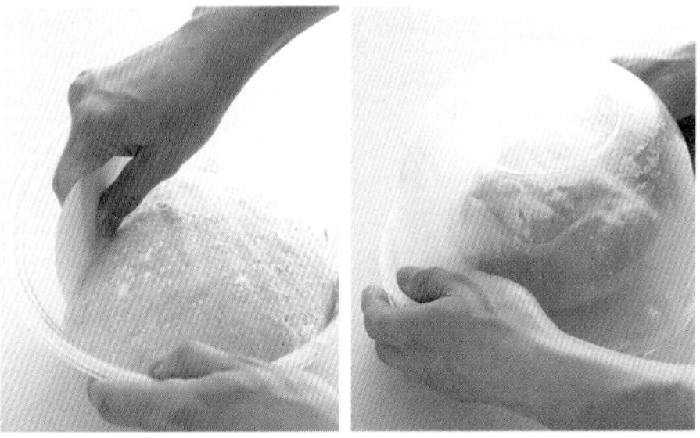

**1** 生地に打ち粉をふり、カードを生地のまわりに差し込んでボウルからはがす。台にボウルを返して自然に生地を出す。

**2** 生地の表面を張らせるようにもう一度丸め直し、とじ目を下にして置く（分割はしない）。

## ベンチタイム　20～25度　20分

生地が乾燥しないように、キャンバス地→ぬれぶきんの順にかける。20～25度で20分休ませる。

## 成形

**1** バヌトンにライ麦全粒粉を茶こしで全体にふっておく。

**2** 生地に打ち粉をふり、手のひらで中心から外へ向けてやさしく押しながら一周する。中のガスを均一にするように抜いていく。

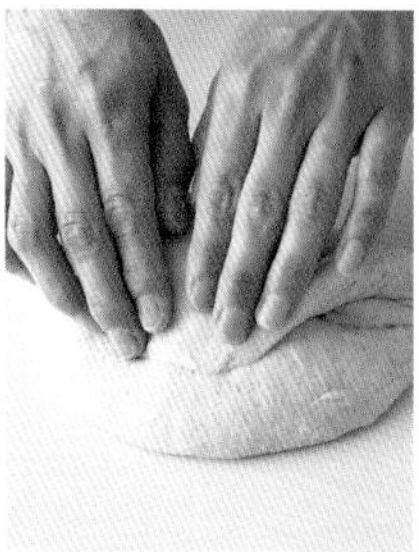

**3** 生地を裏返してとじ目を上にして、手前から半分に折る。

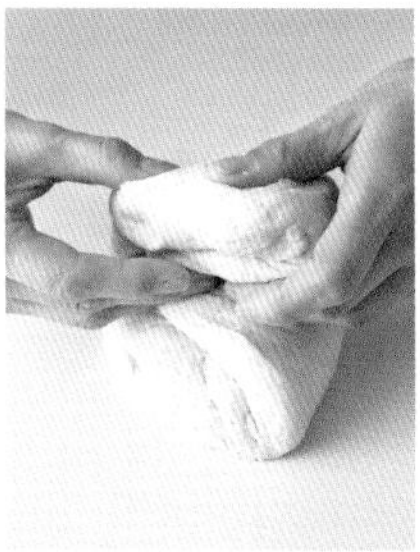

**4** 次に生地を90度回して縦長に置き、さらに手前から半分に折って4つ折りにする。

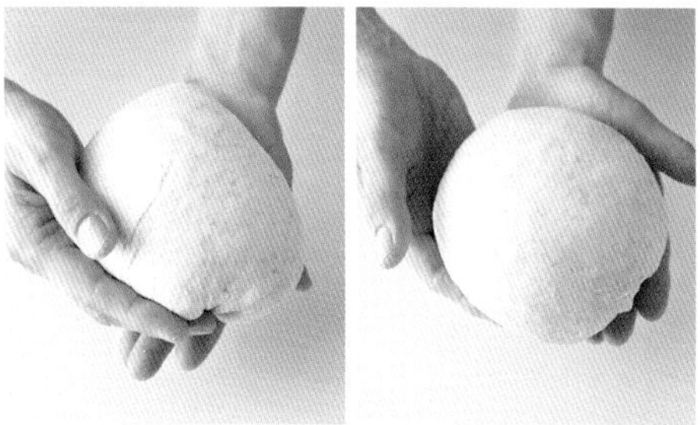

**5** 生地の折り山が上になるように持ち、表面を張らせるようにして丸く整える。

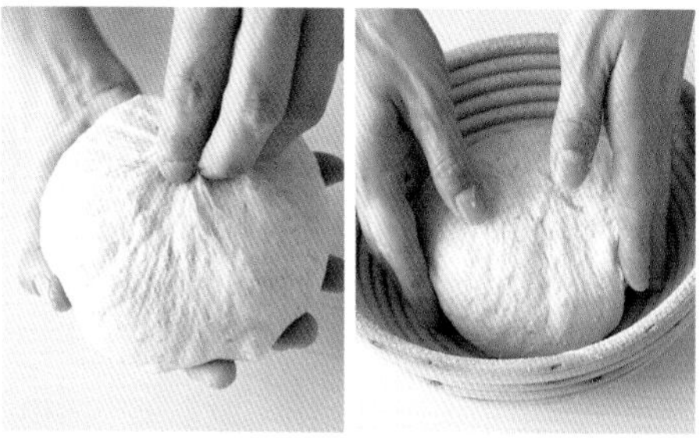

**6** 底をつまんでしっかりとじる。とじ目を上にしてバヌトンに入れ、ぬれぶきんをかける。

＊ここでオーブンに天板を入れ、250度で予熱する。

## 最終発酵　25度　40分

25度で40分発酵させる。生地がひとまわり大きくなったら発酵終了。

## 焼成

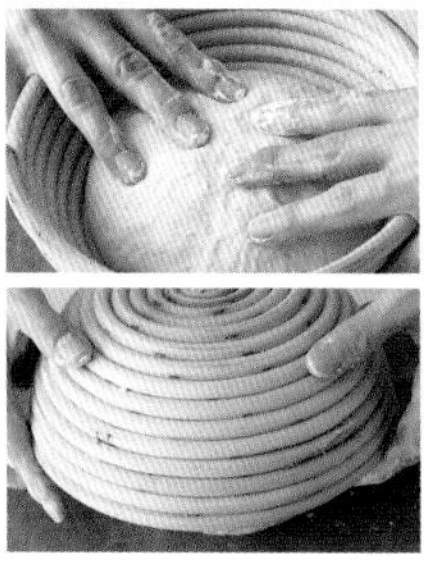

**1** 生地を両手で押さえながらバヌトンを返して、オーブンシートに生地をそっと出す。

**2** 表面にクープナイフで5㎜深さのクープを十文字に入れる。予熱したオーブンに生地をシートごと天板にのせる。

230度　10分
↓
210度　5～7分

**3** オーブンの奥に向かって、霧吹きで熱めのぬるま湯を3～4回吹きかける。生地に直接かけないように注意。オーブンの扉を閉めてスイッチをいったん切り、7分待つ。その後230度で10分、さらに210度で5～7分焼き、金網にのせてさます。

＊オーブンのスイッチをいったん切ることで、クープがきれいに開く。

*campagne ovale*

# オーバルのカンパーニュ

こちらは、楕円のバヌトンで発酵させたカンパーニュ。
水分量をふやして、内層が軽く仕上がるようにしています。
ややしっかりめにこねて生地にコシをつけるのがポイント。
ニーダーでこねることができる配合です。

**[ 材料 ]（長さ19㎝の楕円のバヌトン1個分）**
**＊（　）：ベーカーズパーセント**

強力粉（はるゆたかブレンド）……187g（75%）
はるゆたか石臼びき全粒粉……50g（20%）
ライ麦全粒粉（粗びき）……13g（5%）
塩……5g（2%）
はちみつ……5g（2%）
水……125g（50%）
元種……113g（45%）
打ち粉（強力粉）……適量
ライ麦全粒粉（バヌトン用）……適量

＊大ボウル＝直径30㎝のステンレス製
　中ボウル＝直径21㎝の耐熱プラスチック製
＊夏は粉類と水を冷やす。

**こね**　＊ニーダーの場合は8分

**1** 大ボウルに塩、はちみつと水を入れ、ミニ泡立て器で混ぜて溶かす。さらに元種を加えてよく混ぜる。

**2** 中ボウルに強力粉、全粒粉、ライ麦全粒粉を入れ、カードでざっと混ぜる。

**3** **1**に**2**を一気に加えてカードで手早く混ぜ、まとまってきたら手で混ぜて粉と水分をなじませる。

**4** 生地がまとまったら台にのせ、粉っぽさがなくなり、やや弾力が出るまでこねる。

**5** 生地の表面を張らせるように丸めて底をつまんでとじ、とじ目を下にして中ボウルに入れてラップをかける。

**一次発酵** | 25度 | 5時間

↓

パンチを入れる

↓

25度 | 2時間

↓

冷蔵室 | 30分

**1** 25度で5時間発酵させる。生地がボウルの1/2くらいの高さ（約2倍）までふくらんだら打ち粉をふり、カードを生地のまわりに差し込んでボウルからはがす。

**2** 台にボウルを返して生地を自然に出し、もう一度表面を張らせるように丸め直し、とじ目を下にして中ボウルに入れる。ラップをかけて25度で2時間ほど発酵させ、生地がボウルの2/3くらいの高さ（約2.5倍）までふくらんだら一次発酵終了。このあと冷蔵室で30分冷やす（生地温度は約20度）。

**分割**

**1** 生地に打ち粉をふり、カードを生地のまわりに差し込んでボウルからはがし、台にボウルを返して出す。

**2** 生地の表面を張らせるように丸め直して、とじ目を下にして置き（分割はしない）、キャンバス地→ぬれぶきんの順にかける。

**ベンチタイム** | 20～25度 | 20分

20～25度で20分休ませる。

**成形**

**1** バヌトンにライ麦全粒粉を茶こしで全体にふっておく。

**2** 生地に打ち粉をふってとじ目を上にして置き、手で押してガスを抜く。縦長の楕円に手でのばしⓐ、向こう側3㎝ほど残して手前から折るⓑ。全体を軽くたたいて横長にし、左右を折りたたむⓒ。

**3** 頂点を持って手前に折りⓓ、さらに左右を折りたたむⓔ。合わせ目を2回つまみⓕ、しっかりとじたらⓖ手前からくるりと巻く。

**4** とじ目をしっかりつまんでとじⓗ、バヌトンの大きさのなまこ形に整える。とじ目を上にしてバヌトンに入れⓘ、ぬれぶきんをかける。

＊ここでオーブンに天板を入れ、250度で予熱する。

**最終発酵** | 25度 | 40分

25度で40分発酵させる。生地がひとまわり大きくなったら発酵終了。

**焼成** | 230度 | 7分 → 200～210度 | 7分

**1** 生地を押さえながらバヌトンごと返して、オーブンシートに生地を出す。表面にクープを1本入れる。クープナイフを斜め45度の角度に入れ、そぐように入れるⓙ。

**2** 予熱したオーブンに生地をシートごと天板にのせ、オーブンの奥に向かって霧吹きで熱めのぬるま湯を3～4回吹きかける。扉を閉めてスイッチをいったん切って7分待ち、その後230度で7分、さらに200～210度で7分焼き、金網にのせてさます。

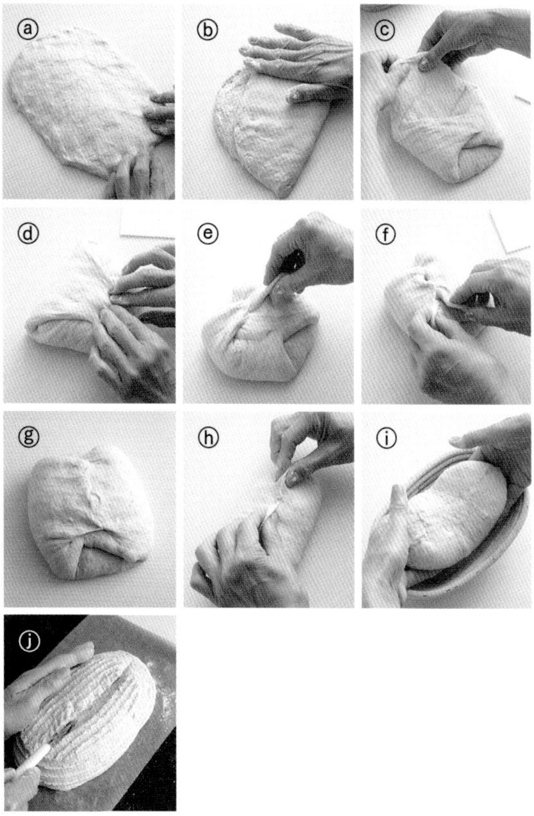

*pain de campagne à la génoise*

# ジェノベーゼ<br>カンパーニュ

ジェノベーゼペーストを生地に混ぜ込んで
ベーコンのコクとうまみをプラス。
チーズをトッピングして風味のいいパンに仕上げました。

**[ 材料 ]**（2個分）　＊（　）：ベーカーズパーセント

| | |
|---|---|
| 強力粉（はるゆたかブレンド） | 187g（75%） |
| はるゆたか石臼びき全粒粉 | 50g（20%） |
| ライ麦全粒粉（粗びき） | 13g（5%） |
| 塩 | 3g（1.2%） |
| はちみつ | 5g（2%） |
| 水 | 100g（40%） |
| 元種 | 113g（45%） |
| ジェノベーゼペースト | 30g（12%） |
| ベーコン | 63g（25%） |
| シュレッドチーズ | 適量 |
| 打ち粉（強力粉） | 適量 |
| 上新粉・ライ麦全粒粉（仕上げ用） | 各適量 |

＊大ボウル＝直径30cmのステンレス製
　中ボウル＝直径21cmの耐熱プラスチック製
＊夏は粉類と水を冷やす。

## こね

**1** 大ボウルに塩、はちみつと水を入れ、ミニ泡立て器で混ぜて溶かす。さらに元種を加えてよく混ぜる。

**2** 中ボウルに強力粉、全粒粉、ライ麦全粒粉を入れ、カードでざっと混ぜる。

**3** **1**に**2**を一気に加えてカードで手早く混ぜ、ざっと混ざったらジェノベーゼペーストを散らして加える。さらに混ぜ、まとまってきたら手で混ぜて粉と水分をなじませる。

**4** 生地がまとまったら台にのせ、粉っぽさがなくなるまで手でこねる。生地を丸めて置き、手で押して手のひら大に丸くのばす。上半分に1㎝角に切ったベーコンの半量をのせ、手で軽く押さえるⓐ。カードで生地を横半分に切り、切った生地をベーコンの上に重ねるⓑ。左半分に残りのベーコンの半量をのせⓒ、カードで縦半分に切って、切った生地をベーコンの上に重ねて4層にするⓓ。最後に残りのベーコンをのせⓔ、両端を持ち上げて包むⓕ。さらに三角の頂点を持ち上げて具をおおうように包み込みⓖ、具が出ないように丸めるⓗ。底をつまんでとじ、とじ目を下にして中ボウルに入れ、ラップをかける。

## 一次発酵 | 25度 | 5時間

↓

パンチを入れる

↓

25度 | 2時間

↓

冷蔵室 | 30分

**1** 25度で5時間発酵させる。生地がボウルの1/2くらいの高さ(約2倍) までふくらんだら打ち粉をふり、カードを生地のまわりに差し込んでボウルからはがす。

**2** 台にボウルを返して生地を出し、もう一度表面を張らせるように丸め直し、とじ目を下にして中ボウルに入れる。ラップをかけて25度で2時間ほど発酵させ、生地がボウルの2/3くらいの高さ(約2.5倍) までふくらんだら一次発酵終了。このあと冷蔵室で30分冷やす(生地温度は約20度)。

## 分割

**1** 生地に打ち粉をふり、カードを生地のまわりに差し込んでボウルからはがし、台にボウルを返して出す。

**2** カードで生地を2分割にし、表面を張らせるように丸め直してとじ目を下にして置き、キャンバス地→ぬれぶきんの順にかける。

## ベンチタイム | 20～25度 | 20分

20～25度で20分休ませる。

## 成形

**1** P35の 成形 **2**～**5**の要領で整え、表面を張らせるように丸め、底をつまんでとじる。

**2** 天板にキャンバス地を敷いて上新粉をふり、とじ目を下にして生地をのせ、布取りする。キャンバス地→ぬれぶきんの順にかける。
＊ここでオーブンに別の天板を入れ、250度で予熱する。

## 最終発酵 | 25度 | 40分

25度で40分発酵させる。生地がひとまわり大きくなったら発酵終了。

## 焼成 | 230度 | 7分 → 210度 | 7～10分

**1** 生地取り板で生地をオーブンシートに移し、表面にライ麦全粒粉を茶こしでふる。ナイフで5㎜深さのクープを十文字に入れ、切れ目にシュレッドチーズを入れるⓘ。

**2** 予熱したオーブンに生地をシートごと天板にのせ、オーブンの奥に向かって霧吹きで熱めのぬるま湯を3～4回吹きかける。扉を閉めてスイッチをいったん切って7分待ち、230度で7分、さらに210度で7～10分焼いて、金網にのせてさます。

*pain de campagne au chocolat*

# プティショコラカンパーニュ

チョコもココアも、風味のいいヴァローナにこだわって
微妙に香りの違う２種類のチョコをミックスしました。
ドライフルーツの酸味とナッツの食感が絶妙ですよ。

**[材料]**（3個分）　＊（　）：ベーカーズパーセント

強力粉（はるゆたかブレンド）……150g（60%）
強力粉（E65）……75g（30%）
カカオパウダー（ヴァローナ）……25g（10%）
塩……5g（2%）
はちみつ……8g（3%）
水……125g（50%）
元種……113g（45%）
製菓用チョコレート（ヴァローナフェーブカライブ、
　ヴァローナフェーブマンジャリ）……各23g（各9%）
ドライクランベリー・ラムレーズン…各15g（各6%）
生カシューナッツ……30g（12%）
生ピスタチオ（皮なし）……15g（6%）
打ち粉（強力粉）・上新粉……各適量

＊大ボウル=直径30cmのステンレス製
　中ボウル=直径21cmの耐熱プラスチック製
＊夏は粉類と水を冷やす。

**[準備]**

・チョコレートは4つに割る。カシューナッツとピスタチオは150度のオーブンで10分焼く。これらとドライクランベリー、ラムレーズンを混ぜておく。

### こね

**1** 大ボウルに塩、はちみつと水を入れ、ミニ泡立て器で混ぜて溶かす。さらに元種を加えてよく混ぜる。

**2** 中ボウルに強力粉、カカオパウダーを入れ、カードでざっと混ぜる。

**3** **1**に**2**を一気に加えてカードで手早く混ぜ、まとまってきたら手で混ぜて粉と水分をなじませる。

**4** 生地がまとまったら台にのせ、粉っぽさがなくなるまでこねる。準備しておいた具をP39の こね 4の要領で生地に加え、整える。

### 一次発酵　25度　6～6時間30分

↓
パンチを入れる
↓
25度　2時間
↓
冷蔵室　30分

**1** 25度で6～6時間30分発酵させる。生地がボウルの1/2くらいの高さ（約2倍）までふくらんだら打ち粉をふり、カードを生地のまわりに差し込んでボウルからはがす。

**2** 台にボウルを返して生地を出し、もう一度表面を張らせるように丸め直し、とじ目を下にして中ボウルに入れる。ラップをかけて25度で2時間ほど発酵させ、生地がボウルの2/3くらいの高さ（約2.5倍）までふくらんだら一次発酵終了。このあと冷蔵室で30分冷やす（生地温度は約20度）。

### 分割

生地に打ち粉をふり、カードを生地のまわりに差し込んでボウルからはがし、台にボウルを返して出す。カードで生地を放射状に3分割し、1個が205g前後になるように重さを量って調整する。具を中に入れるように生地を丸め直し、とじ目を下にして台に置き、キャンバス地→ぬれぶきんの順にかける。

### ベンチタイム　20～25度　20分

20～25度で20分休ませる。

### 成形

**1** 生地の表面を軽く張らせながら丸め直しⓐ、底に生地を集めて指でつまんでとじる。

**2** 天板にキャンバス地を敷いて上新粉をふり、とじ目を下にして生地をのせて布取りしⓑ、キャンバス地→ぬれぶきんの順にかける。
＊ここでオーブンに別の天板を入れ、250度で予熱する。

### 最終発酵　25度　40分

25度で40分発酵させる。生地がひとまわり大きくなったら発酵終了。

### 焼成　230度　10分　→　210度　10分

**1** カードで生地をオーブンシートに移し、表面に上新粉を茶こしでふる。クープナイフで6～7mm深さのクープを一文字に入れる。

**2** 予熱したオーブンに生地をシートごと天板にのせ、オーブンの奥に向かって霧吹きで熱めのぬるま湯を3～4回吹きかける。扉を閉めて230度で10分、210度で10分焼き、金網にのせてさます。

ⓐ
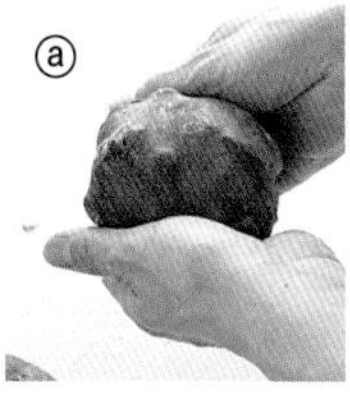

ⓑ

*pain de campagne aux fruits secs*

# カンパーニュ フリュイ

色とりどりのドライフルーツをふんだんに使って、
甘みとコク、酸味を存分に楽しめるようにしました。
パンを切ったときの断面がそそられます。

**[ 材料 ]**（長さ19cmの楕円のバヌトン1個分）
＊（　）：ベーカーズパーセント

| | |
|---|---|
| 強力粉（はるゆたかブレンド） | 187g（75%） |
| はるゆたか石臼びき全粒粉 | 63g（25%） |
| 塩 | 3g（1.2%） |
| はちみつ | 5g（2%） |
| 水 | 115g（46%） |
| 元種 | 113g（45%） |
| ラムレーズン・ドライプラム（種なし）・ドライ白いちじく | 各20g（各8%） |
| ドライカレンズ・グリーンレーズン・サルタナレーズン | 各15g（各6%） |
| ドライクランベリー・セミドライアプリコット・オレンジピール（棒状） | 各15g（各6%） |
| 打ち粉（強力粉） | 適量 |

＊大ボウル＝直径30cmのステンレス製
　中ボウル＝直径21cmの耐熱プラスチック製
＊夏は粉類と水を冷やす。

**[ 準備 ]**

- ドライ白いちじく、ドライカレンズ、グリーンレーズン、サルタナレーズンは、ぬるま湯に10分つけて水けをふく。
- 白いちじくとセミドライアプリコットは4つに切り、プラムは半分に切る。
- オレンジピールは軽く洗って水けをふき、3mm幅に切る。すべてのドライフルーツを混ぜておく。

## こね

**1** 大ボウルに塩、はちみつと水を入れ、ミニ泡立て器で混ぜて溶かす。さらに元種を加えてよく混ぜる。

**2** 中ボウルに強力粉、全粒粉を入れ、カードでざっと混ぜる。

**3** **1**に**2**を一気に加えてカードで手早く混ぜ、まとまってきたら手で混ぜて粉と水分をなじませる。

**4** 生地がまとまったら台にのせ、粉っぽさがなくなるまでこねる。準備しておいた具をP39の **こね** 4の要領で生地に加え、整える。

## 一次発酵 | 25度 | 5時間

↓
パンチを入れる
↓
25度 | 2時間
↓
冷蔵室 | 30分

**1** 25度で5時間発酵させる。生地がボウルの1/2くらいの高さ（約2倍）までふくらんだら打ち粉をふり、カードを生地のまわりに差し込んでボウルからはがす。

**2** 台にボウルを返して生地を出し、もう一度表面を張らせるように丸め直し、とじ目を下にして中ボウルに入れる。ラップをかけて25度で2時間ほど発酵させ、生地がボウルの2/3くらいの高さ（約2.5倍）までふくらんだら一次発酵終了。このあと冷蔵室で30分冷やす（生地温度は約20度）。

## 分割

**1** 生地に打ち粉をふり、カードを生地のまわりに差し込んでボウルからはがし、台にボウルを返して出す。

**2** 生地の表面を張らせるように丸め直して、とじ目を下にして置き（分割はしない）、キャンバス地→ぬれぶきんの順にかける。

## ベンチタイム | 20～25度 | 20分

20～25度で20分休ませる。

## 成形

**1** バヌトンに打ち粉を茶こしで全体にふっておく。

**2** 生地に打ち粉をふってとじ目を上にして置き、手で縦20×横15cmの楕円にのばす。向こうから1/3を真ん中に向けて折り、ギャザーを寄せるようにして指で押し込む。

**3** 生地を180度回して置き、同じように向こうから1/3を手前に折り、合わせ目を手で押す。

**4** さらに半分に折って合わせ目をつまんでとじ、両端を上に折り返してくっつける。とじ目を上にしてバヌトンに入れ、ぬれぶきんをかける。
＊ここでオーブンに天板を入れ、250度で予熱する。

## 最終発酵 | 25度 | 40～50分

25度で40～50分発酵させる。生地がひとまわり大きくなったら発酵終了。

## 焼成 | 230度 | 10分 → 200～210度 | 10分

**1** 生地を押さえながらバヌトンごと返して、オーブンシートに生地を出す。表面にナイフで斜め格子状にクープを4本ずつ入れるⓐ。

**2** 予熱したオーブンに生地をシートごと天板にのせ、オーブンの奥に向かって霧吹きで熱めのぬるま湯を3～4回吹きかける。扉を閉めてスイッチをいったん切って7分待ち、その後230度で10分、200～210度で10分焼き、金網にのせてさます。

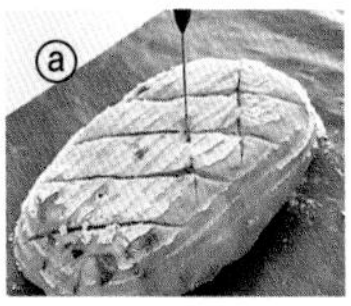

*pain de campagne aux épices*

# スパイシーカンパーニュ

水煮のグリーンペッパーを使っているので、
辛みがとってもおだやかな風味のいいパンに仕上がりました。
ドライのホールタイプの場合は、半量に減らしてください。

## [ 材料 ] (長さ19cmの楕円のバヌトン1個分)

＊( )：ベーカーズパーセント

強力粉(はるゆたかブレンド) ……………200g (80%)
はるゆたか石臼びき全粒粉…………25g (10%)
ライ麦全粒粉(粗びき) ……………………25g (10%)
塩 ………………………………………………5g (2%)
はちみつ ………………………………………5g (2%)
水 ………………………………………………120g (48%)
元種 ……………………………………………113g (45%)
水煮のグリーンペッパー(ホール) …10g (4%)
フライドオニオン ……………………………10g (4%)
生カシューナッツ ……………………………50g (20%)
打ち粉(強力粉) ………………………………適量
ライ麦全粒粉(バヌトン用) ………………適量

＊大ボウル=直径30cmのステンレス製
　中ボウル=直径21cmの耐熱プラスチック製
＊夏は粉類と水を冷やす。

## [ 準備 ]

- カシューナッツは150度のオーブンで10分焼く。
- 水煮のグリーンペッパーは水分をふきとる。

### こね

**1** 大ボウルに塩、はちみつと水を入れ、ミニ泡立て器で混ぜて溶かす。さらに元種を加えてよく混ぜる。

**2** 中ボウルに強力粉、全粒粉、ライ麦全粒粉を入れ、カードでざっと混ぜる。

**3** **1**に**2**を一気に加えてカードで手早く混ぜ、まとまってきたら手で混ぜて粉と水分をなじませる。

**4** 生地がまとまったら台にのせ、手で粉っぽさがなくなるまでこねる。グリーンペッパーをP39の **こね 4** の要領で生地に加え、整える。

### 一次発酵 | 25度 | 5時間

↓

パンチを入れる

↓

25度 | 2時間

↓

冷蔵室 | 30分

P39の **一次発酵 1**、**2** の要領で発酵させ、生地を冷やす。

### 分割

**1** 生地に打ち粉をふり、カードを生地のまわりに差し込んでボウルからはがし、台にボウルを返して出す。

**2** 生地の表面を張らせるように丸め直して、とじ目を下にして置き(分割はしない)、キャンバス地→ぬれぶきんの順にかける。

### ベンチタイム | 20～25度 | 20分

20～25度で20分休ませる。

### 成形

**1** バヌトンにライ麦全粒粉を茶こしで全体にふっておく。

**2** 生地に打ち粉をふってとじ目を上にして置き、手で縦20×横15cmの楕円にのばす。上1/3にフライドオニオンとカシューナッツを1/3量ずつのせⓐ、向こうから真ん中に向けて折り、ギャザーを寄せるようにして指で押し込む。生地を180度回して置き、同じように残りの具を半量ずつのせ、向こうから真ん中に向けて折ってⓑ、合わせ目を手で押して止めるⓒ。残りの具を合わせ目にのせⓓ、半分に折って合わせ目をつまんでとじ、両端を上に折り返してくっつける。

**3** とじ目を上にしてバヌトンに入れ、ぬれぶきんをかける。
＊ここでオーブンに天板を入れ、250度で予熱する。

### 最終発酵 | 25度 | 40分

25度で40分発酵させる。生地がひとまわり大きくなったら発酵終了。

### 焼成 | 230度 | 10分 → 210度 | 7~10分

**1** 生地を押さえながらバヌトンごと返して、オーブンシートに生地を出す。表面の中央にクープナイフで5mm深さのクープを斜めに1本入れ、さらに両側に1本ずつ入れる。

**2** 予熱したオーブンに生地をシートごと天板にのせ、オーブンの奥に向かって霧吹きで熱めのぬるま湯を3～4回吹きかける。扉を閉めてスイッチをいったん切って7分待ち、その後230度で10分、210度で7～10分焼き、金網にのせてさます。

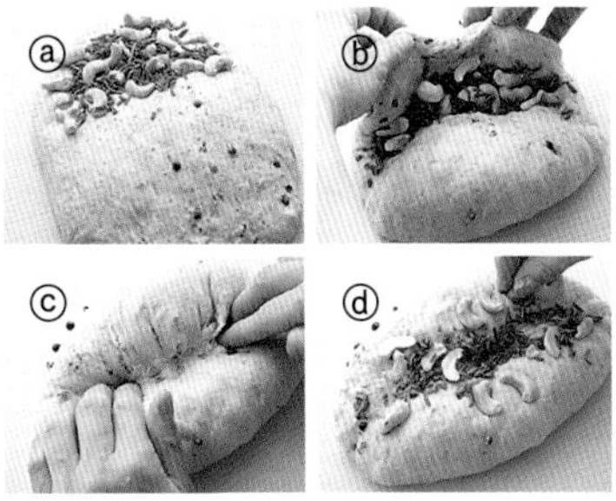

*pain de campagne au potiron*

# パンプキンカンパーニュ

干しいもとかぼちゃを合わせてみたら、やさしい甘さに。
シナモンとナツメグでアクセントをつけて
ちょっぴりスパイシーな大人の味にしました。

**［材料］**（長さ19㎝の楕円のバヌトン1個分）
＊（　）：ベーカーズパーセント

強力粉（はるゆたかブレンド）……212g（85%）
はるゆたか石臼びき全粒粉……25g（10%）
ライ麦全粒粉（粗びき）……13g（5%）
シナモンパウダー……2g（0.8%）
塩……3g（1%）
ナツメグ……少々
はちみつ……15g（6%）
水……88g（35%）
元種……113g（45%）
栗マロンかぼちゃ（冷凍）……皮をとって143g（57%）
干しいも（あれば丸ごとのもの）……75g（30%）
レーズン……35g（14%）
くるみ……50g（20%）
パンプキンシード……15g（6%）
打ち粉（強力粉）……適量

＊大ボウル=直径30㎝のステンレス製
　中ボウル=直径21㎝の耐熱プラスチック製
＊夏は粉類と水を冷やす。

### [ 準備 ]

- かぼちゃは解凍し、皮をとってマッシュする。干しいもは1.5㎝角に切る。
- レーズンはぬるま湯に10分つけて水けをふき、くるみとパンプキンシードは150度のオーブンで10分焼く。

**栗マロンかぼちゃ**

ほっくりした栗のような食感の甘いかぼちゃ。冷凍のものはすでに加熱してあるので、自然解凍したら簡単にマッシュできます。／zucca（https://www.zuccazucca.com/）

### こね

**1** 大ボウルに塩、はちみつと水を入れ、ミニ泡立て器で混ぜてを溶かす。さらに元種を加えてよく混ぜる。

**2** 中ボウルに強力粉、全粒粉、ライ麦全粒粉、シナモンパウダー、ナツメグを入れ、カードでざっと混ぜる。

**3** **1**に**2**を一気に加えてカードで手早く混ぜ、ざっと混ざったらかぼちゃをちぎって加える。さらに混ぜ、まとまってきたら手で混ぜて粉と水分をなじませる。

**4** 生地がまとまったら台にのせ、粉っぽさがなくなるまでこねる。干しいも以外の準備しておいた具をP39の **こね** **4** の要領で生地に加え、整える。

### 一次発酵 | 25度 | 5時間30分

↓

**パンチを入れる**

↓

**25度 | 1時間30分**

↓

**冷蔵室 | 30分**

**1** 25度で5時間30分発酵させる。生地がボウルの1/2くらいの高さ（約2倍）までふくらんだら打ち粉をふり、カードを生地のまわりに差し込んでボウルからはがす。

**2** 台にボウルを返して生地を出し、もう一度表面を張らせるように丸め直し、とじ目を下にして中ボウルに入れる。ラップをかけて25度で1時間30分発酵させ、生地がボウルの2/3くらいの高さ（約2.5倍）までふくらんだら一次発酵終了。このあと冷蔵室で30分冷やす（生地温度は約20度）。

### 分割

**1** 生地に打ち粉をふり、カードを生地のまわりに差し込んでボウルからはがし、台にボウルを返して出す。

**2** 生地の表面を張らせるように丸め直して、とじ目を下にして置き（分割はしない）、キャンバス地→ぬれぶきんの順にかける。

### ベンチタイム | 20～25度 | 20分

20～25度で20分休ませる。

### 成形

**1** バヌトンに打ち粉を茶こしで全体にふっておく。

**2** 生地に打ち粉をふってとじ目を上にして置き、手で縦20×横15㎝の楕円にのばす。上1/3に干しいもの1/3量をのせ、向こうから真ん中に向けて折り、ギャザーを寄せるようにして指で押し込む。

**3** 生地を180度回して置き、同じように残りの干しいもの半量をのせ、向こうから真ん中に向けて折って、合わせ目を手で押して止める。

**4** 残りの干しいもを合わせ目にのせ、半分に折って合わせ目をつまんでとじ、両端を上に折り返してくっつける。

**5** とじ目を上にしてバヌトンに入れ、ぬれぶきんをかける。

＊ここでオーブンに天板を入れ、250度で予熱する。

### 最終発酵 | 25度 | 40分

25度で40分発酵させる。生地がひとまわり大きくなったら発酵終了。

### 焼成 | 230度 | 10分 → 200度 | 5分

**1** 生地を押さえながらバヌトンごと返して、オーブンシートに生地を出す。表面にクープナイフで葉脈模様のクープを入れるⓐ。まず縦に1本切り込みを入れ、そこから少し離して斜めに4～5本ずつ切り込みを入れる。

**2** 予熱したオーブンに生地をシートごと天板にのせ、オーブンの奥に向かって霧吹きで熱めのぬるま湯を3～4回吹きかける。扉を閉めてスイッチをいったん切って7分待ち、その後230度で10分、200度で5分焼き、金網にのせてさます。

# Baguette

皮がパリパリッとして香ばしく、中はしっとり。
かむほどに粉の風味とうまみが感じられる、おかずやスープに合うパン。
バゲットとはフランス語で「棒」「杖」という意味で、細長い形をしていますが、
小さめに分割したクッペ、形が楽しいエピやフーガスなどもご紹介。

*baguette*

# バゲット

皮のパリッとしたおいしさを出すために、
強力粉は「E 65」を使っています。
こねすぎると特有のサクみ感がなくなるので、
粉と水がなじめばOK。
この粉は、こね上げ温度が高くなると風味がとんでしまうので、
温度計でチェックして20度前後になるようにしましょう。
気温が高い季節は、粉も水も冷蔵室で
冷やしておくことをおすすめします。

**[ 材料 ]**（長さ25cmのもの3本分）　＊（　）：ベーカーズパーセント

| | |
|---|---|
| 強力粉（E65） | 266g（95%） |
| 強力粉（はるゆたかブレンド） | 14g（5%） |
| 塩 | 4g（1.6%） |
| はちみつ | 5g（2%） |
| 水 | 157g（56%） |
| 元種 | 126g（45%） |
| 打ち粉（強力粉）・上新粉 | 各適量 |

＊大ボウル＝直径30cmのステンレス製
　中ボウル＝直径21cmの耐熱プラスチック製
＊夏は粉類と水を冷やす。

## こね

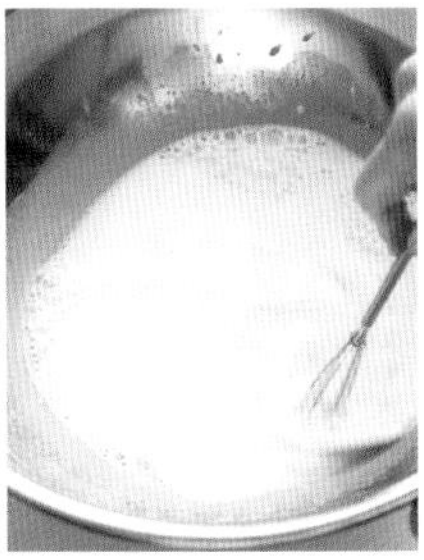

**1**　大ボウルをスケールにのせ、塩、はちみつ、水の順に量りながら入れ、ミニ泡立て器で混ぜて溶かす。さらに元種を加えてよく混ぜる。

**2**　中ボウルをスケールにのせ、強力粉を計量する。カードでざっと混ぜて、大ボウルに一気に加える。

**3**　すぐにカードで全体を手早く混ぜる。

**4**　生地がまとまってきたら、手でギュッと押さえつけるようにして混ぜ、粉と水分をなじませる。生地がまとまったら台の上にのせる。

**5**　手のつけ根でグッと押さえるようにしてのばし、手前に折りたたむ。向きを変えながら同様に4〜5回こね、粉っぽさがなくなったら終了。多少ザラつきがあってもOK。表面の生地を張らせるようにして丸め、底をつまんでしっかりとじる。

**6**　きれいにした中ボウルにとじ目を下にして入れ、温度計でこね上げ温度を確認する。20度前後が適温。

## 一次発酵　25度　5〜6時間

**1**　ボウルにラップをかけて、25度で5〜6時間発酵させる。生地がボウルの1/2弱くらいの高さ（約2倍弱）までふくらんだらOK。

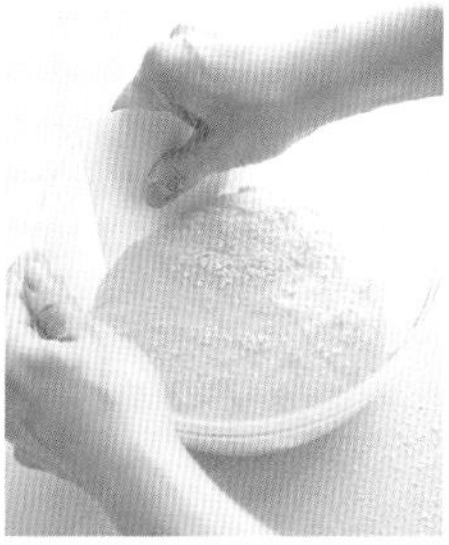
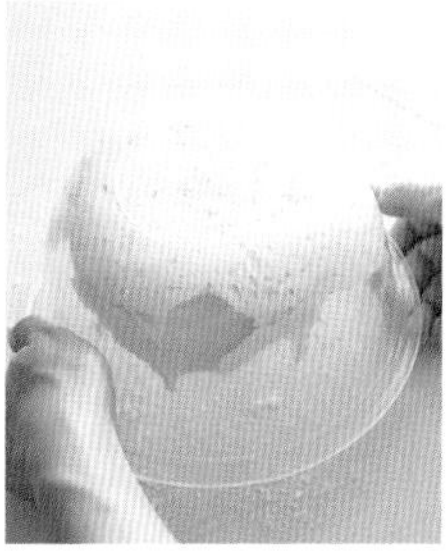

**2** 生地に打ち粉をふり、カードを生地のまわりに差し込んでボウルからはがす。すぐに台にボウルを返して自然に生地を出す。

**パンチを入れる**

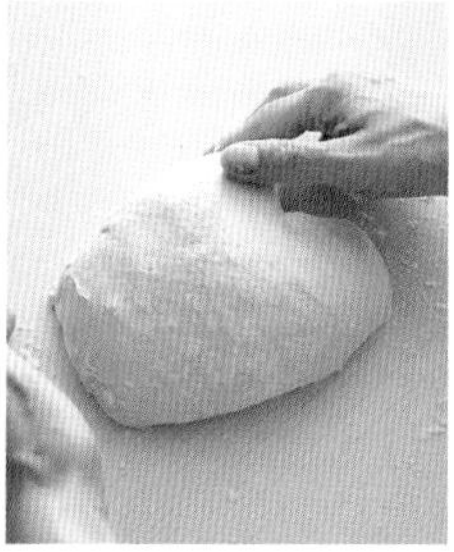

**3** 生地の表面を軽く張らせるようにして丸め直す(パンチ)。

**25度 | 1.5～2時間**

**4** とじ目を下にして中ボウルに入れ、ラップをかけて25度で1.5～2時間ほど発酵させる。

**冷蔵室 | 30分**

**5** 生地がボウルの2/3弱くらいの高さ(約2.5倍弱)までふくらんだら、一次発酵終了。このあと冷蔵室で30分冷やす。

## 分割

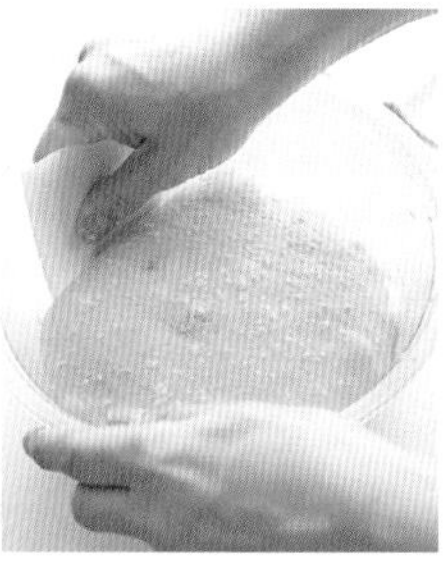
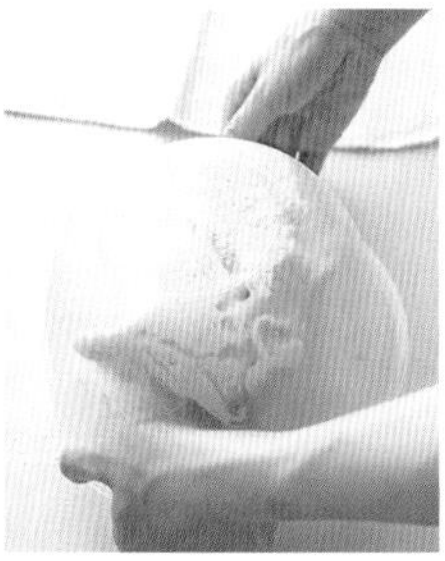

**1** 生地に打ち粉をふり、カードを生地のまわりに差し込んでボウルからはがす。台にボウルを返して自然に生地を出す。

**2** 生地に打ち粉をふり、カードで放射状に3分割する。

**3** 重さを量り、1個が190g前後になるように調整する。多いところから切り取り、少ない生地の上にのせる。

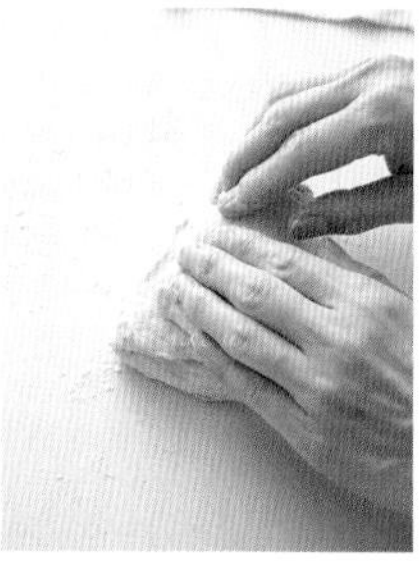

**4** 切り口が手前になるように生地を置き、向こうから真ん中に向けて折り、手前からも折って3つ折りにする。

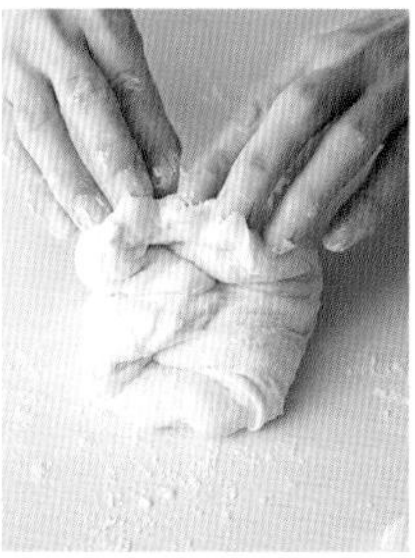

**5** 生地を90度回して縦長に置き、手前から半分に折る。

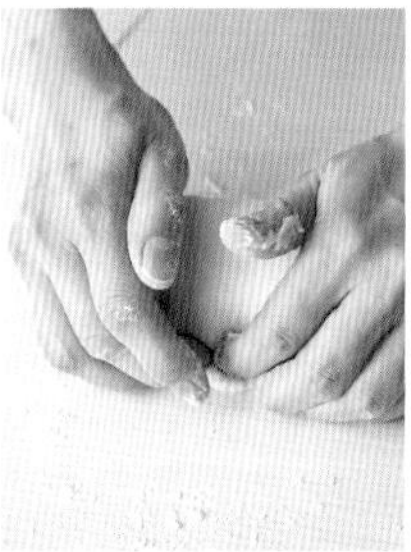

**6** そのままくるっと転がしてとじ目を下にする。

**7** 表面を張らせながら俵形に整え、打ち粉をふったキャンバス地にとじ目を下にしてのせる。

**ベンチタイム | 20～25度 | 20分**

生地が乾燥しないように、キャンバス地→ぬれぶきんの順にかける。20～25度で20分休ませる。

## 成形

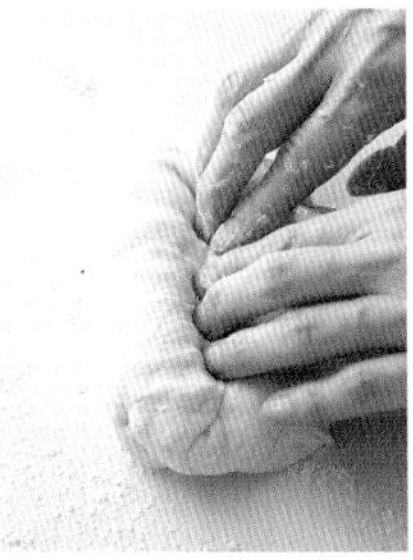

**1** 生地と台に打ち粉をふり、台にとじ目を上にして生地を置く。向こうから1/3を真ん中に向けて折り、合わせ目を手で押して止める。

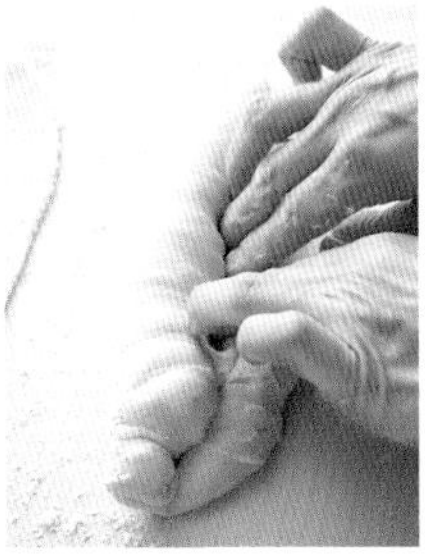

**2** 折り返した部分の生地を丸く張らせながら、生地を手前に巻き込むようにして押し込む。

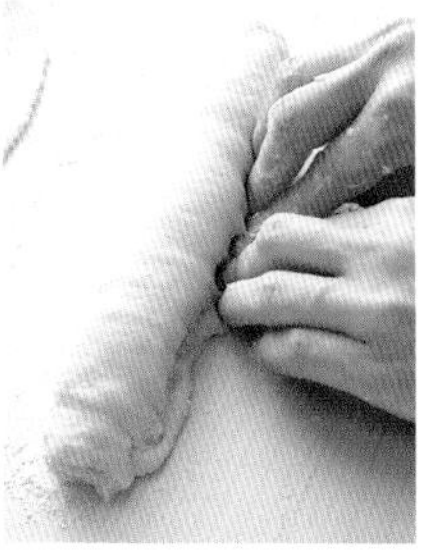

**3** これを3～4回繰り返し、芯をつくる感覚で棒状にしていく。最後にとじ目をしっかり押す。

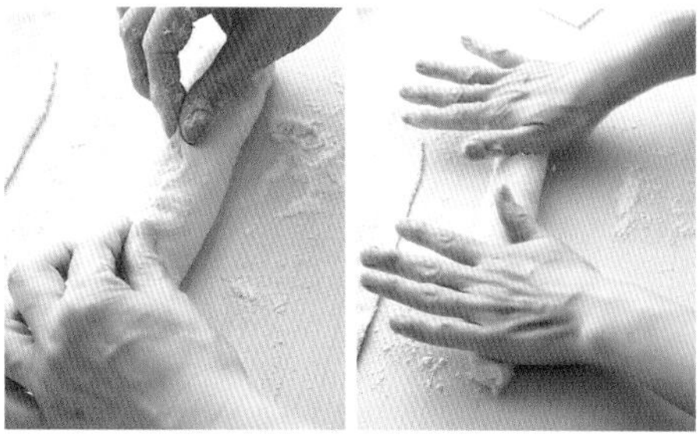

**4** とじ目を上にして置き、指でつまんでしっかりとじる。生地に打ち粉をふり、両手で転がしながら25㎝くらいの長さにのばす。

**5** 天板にキャンバス地を敷いて上新粉をふり、とじ目を下にして生地をのせ、布取りする。

このとき、発酵中の生地の〝横だれ〟を防ぐため、キャンバス地でひだ取りして左右から支える。これを「布取り」という。

## 最終発酵

| 最終発酵 | 20～25度 | 20～30分 |
| --- | --- | --- |

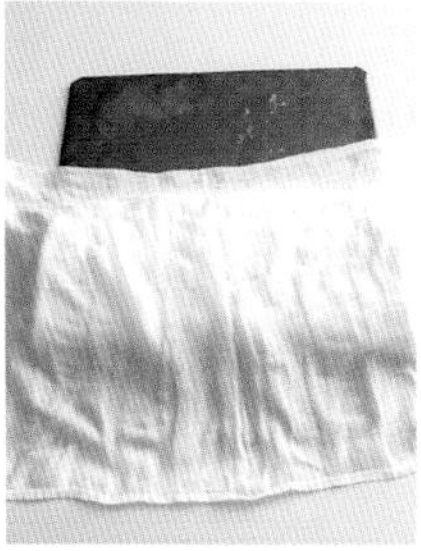

生地が乾燥しないようにキャンバス地→ぬれぶきんの順にかけ、20～25度で20～30分発酵させる。生地がひとまわり大きくなったら発酵終了。

＊ここでオーブンに別の天板を入れ、250度で予熱する。

## 焼成

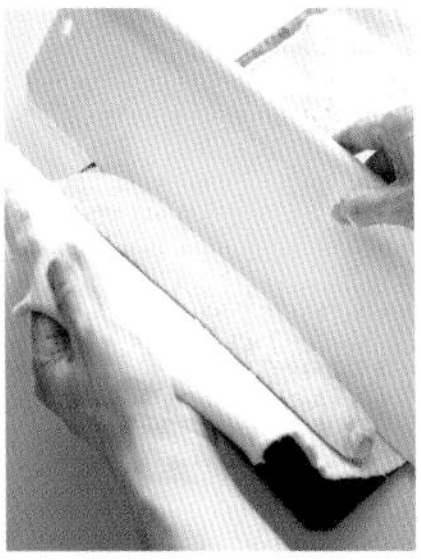

**1** 生地取り板に生地をそっとのせ、オーブンシートに移す。

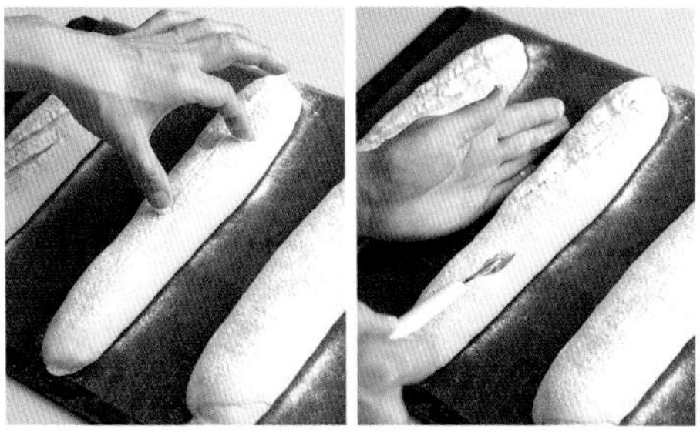

**2** 表面に上新粉をふり、生地取り板で縦中央に1本線をつけて、クープを入れる場所に指で目安をつける。中央線に沿うように、斜めに等間隔に6か所印をつける。それぞれの印を結ぶようにして、クープナイフを寝かせて表面をそぐようにクープを3～4本入れる。

| 230度 | 7分 |
| --- | --- |

↓

| 210度 | 4～5分 |
| --- | --- |

**3** 予熱したオーブンに生地をシートごと天板にのせ、オーブンの奥に向かって、霧吹きで熱めのぬるま湯を3～4回吹きかける。扉を閉めてスイッチをいったん切って7分待ち、その後230度で7分、210度で4～5分焼き、金網にのせてさます。

＊オーブンのスイッチをいったん切ることで、クープがきれいに開く。

*coupe*

# クッペ

自分でフランスパンを作るなら、まずはクッペから始めてみて。
きれいにクープの開いたクッペが焼けるようになったら、
次のステップとしてバゲットに挑戦するのがいいと思います。

**[ 材料 ]**（5個分）　＊（　）：ベーカーズパーセント

| | |
|---|---|
| 強力粉（E65） | 250g（100%） |
| 塩 | 4g（1.6%） |
| はちみつ | 5g（2%） |
| 水 | 125g（50%） |
| 元種 | 113g（45%） |
| 打ち粉（強力粉）・上新粉 | 各適量 |

＊ 大ボウル=直径30㎝のステンレス製
　中ボウル=直径21㎝の耐熱プラスチック製
＊ 夏は粉類と水を冷やす。

## こね

**1** 大ボウルに塩、はちみつと水を入れ、ミニ泡立て器で混ぜて溶かす。さらに元種を加えてよく混ぜる。

**2** 中ボウルに強力粉を入れる。

**3** **1**に**2**を一気に加えてカードで手早く混ぜ、まとまってきたら手で混ぜて粉と水分をなじませる。

**4** 生地がまとまったら台にのせ、粉っぽさがなくなるまでこねる。

**5** 生地の表面を張らせるようにを丸め、底をつまんでとじ、とじ目を下にして中ボウルに入れて（こね上げ温度は20度前後）、ラップをかける。

**一次発酵**　25度　5時間30分～6時間
↓
パンチを入れる
↓
25度　1.5～2時間
↓
冷蔵室　30分

1　25度で5時間30分～6時間発酵させる。生地がボウルの1/2弱くらいの高さ(約2倍弱)までふくらんだら打ち粉をふり、カードを生地のまわりに差し込んでボウルからはがす。

2　打ち粉をふった台にボウルを返して生地を出し、もう一度表面を張らせるように丸め直して、とじ目を下にして中ボウルに入れる。ラップをかけて25度で1.5～2時間発酵させ、生地がボウルの2/3弱くらいの高さ(約2.5倍弱)までふくらんだら一次発酵終了。このあと冷蔵室で30分冷やす。

**分割**

1　生地に打ち粉をふり、カードを生地のまわりに差し込んでボウルからはがし、打ち粉をふった台にボウルを返して出す。

2　生地に打ち粉をふってカードで5分割する。それぞれ重さを量り、1個が100g前後になるように調整する。生地の対角線上の二隅を持って合わせⓐ、さらに二隅を合わせてつまんでとじるⓑ。とじ目を下にして丸め、打ち粉をふったキャンバス地にのせⓒ、キャンバス地→ぬれぶきんの順にかける。

**ベンチタイム**　20～25度　20分

20～25度で20分休ませる。

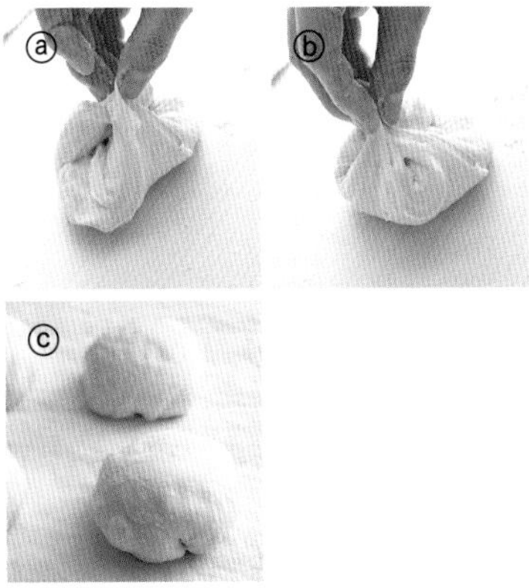


**成形**

1　台と生地に打ち粉をふり、台にとじ目を上にして生地を置く。指先でトントンと軽くたたくようにして、ひとまわり大きくのばすⓓ。生地を手前から半分に折りⓔ、合わせ目をつまんでとじるⓕ。とじ目の部分を、やや向こうに指で押し込むⓖ。さらに生地の表面を張らせるように、生地を手前に巻き込んでいくⓗ。芯をつくる感覚でぷっくりした棒状になったら、とじ目をしっかり押すⓘ。とじ目をつまんでしっかりとじⓙ、両手で転がしながら、なまこ形に整えるⓚ。

2　天板にキャンバス地を敷いて上新粉をふり、とじ目を下にして生地をのせ、布取りする。キャンバス地→ぬれぶきんの順にかける。
＊ここでオーブンに別の天板を入れ、250度で予熱する。

**最終発酵**　25度　40分

25度で40分発酵させる。生地がひとまわり大きくなったら発酵終了。

**焼成**　230度　5～7分 ➜ 210度　5～6分

1　生地取り板で生地をオーブンシートに移し、表面に上新粉をふる。クープナイフを寝かせて、表面をそぐようにクープを縦に1本入れる。

2　予熱したオーブンに生地をシートごと天板にのせ、オーブンの奥に向かって霧吹きで熱めのぬるま湯を3～4回吹きかける。扉を閉めてスイッチをいったん切って7分待ち、その後230度で5～7分、210度で5～6分焼き、金網にのせてさます。

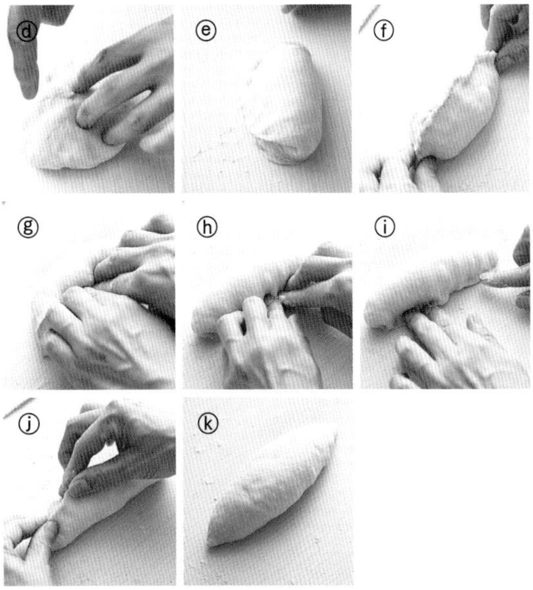

*épi lard et fromage*

# エピ ベーコン＆チーズ

「麦の穂」という意味のエピは、細長く成形してから、
ハサミで深めに切り込みを入れて左右に開くと、この形になります。
今回はフランスパンの生地と相性のいいベーコンを巻き込んで、
チーズと合わせましたが、粗びき黒コショウでも美味。

**［材料］**（3本分）　＊（　）：ベーカーズパーセント

| | |
|---|---|
| 強力粉（E65） | 250g（100%） |
| 塩 | 5g（2%） |
| はちみつ | 5g（2%） |
| 水 | 120g（48%） |
| 元種 | 113g（45%） |
| ベーコン | 3枚 |
| シュレッドチーズ | 90g |
| 打ち粉（強力粉）・上新粉 | 各適量 |

＊大ボウル=直径30cmのステンレス製
　中ボウル=直径21cmの耐熱プラスチック製
＊夏は粉類と水を冷やす。

## こね

**1** 大ボウルに塩、はちみつと水を入れ、ミニ泡立て器で混ぜて溶かす。さらに元種を加えてよく混ぜる。

**2** 中ボウルに強力粉を入れる。

**3** **1**に**2**を一気に加えてカードで手早く混ぜ、まとまってきたら手で混ぜて粉と水分をなじませる。

**4** 生地がまとまったら台にのせ、粉っぽさがなくなるまでこねる。

**5** 生地の表面を張らせるように丸め、底をつまんでとじ、とじ目を下にして中ボウルに入れて（こね上げ温度は20度前後）、ラップをかける。

## 一次発酵　25度　5～6時間

↓

パンチを入れる

↓

25度　1時間30分～2時間

↓

冷蔵室　30分

**1** 25度で5～6時間発酵させる。生地がボウルの1/2弱くらいの高さ（約2倍弱）までふくらんだら打ち粉をふり、カードを生地のまわりに差し込んでボウルからはがす。

**2** 打ち粉をふった台にボウルを返して生地を出し、もう一度表面を張らせるように丸め直して、とじ目を下にして中ボウルに入れる。ラップをかけて25度で1時間30分～2時間発酵させ、生地がボウルの2/3弱くらいの高さ（約2.5倍弱）までふくらんだら一次発酵終了。このあと冷蔵室で30分冷やす。

## 分割

**1** 生地に打ち粉をふり、カードを生地のまわりに差し込んでボウルからはがし、打ち粉をふった台にボウルを返して出す。

**2** 表面に打ち粉をふって、カードで放射状に3分割する。重さを量り、1個が165g前後になるように調整する。

**3** 生地の表面を張らせるように丸め直して、打ち粉をふったキャンバス地にとじ目を下にしてのせ、キャンバス地→ぬれぶきんの順にかける。

## ベンチタイム　20～25度　20分

20～25度で20分休ませる。

## 成形

**1** 台と生地に打ち粉をふり、台にとじ目を上にして生地を置き、ベーコンの長さに合わせてめん棒で横長にのばす。生地の中央にベーコンを1枚ずつのせ、その上にチーズを等分にのせるⓐ。手で生地を手前に引きながら、クルクルときつめに巻くⓑ。とじ目をつまんでとじ、上新粉をまぶす。

**2** 天板にキャンバス地を敷いて上新粉をふり、とじ目を下にして生地をのせ、布取りする。キャンバス地→ぬれぶきんの順にかける。
＊ここでオーブンに別の天板を入れ、250度で予熱する。

## 最終発酵　25度　40分

25度で40分発酵させる。生地がひとまわり大きくなったら発酵終了。

## 焼成　220～230度　13～15分

**1** 生地取り板で生地をオーブンシートに移す。ハサミを斜めに寝かせて、深めに切り込みを5～6本入れ、切り口を左右に広げるⓒ。

**2** 予熱したオーブンに生地をシートごと天板にのせ、オーブンの奥に向かって霧吹きで熱めのぬるま湯を3～4回吹きかける。220～230度で13～15分焼き、金網にのせてさます。

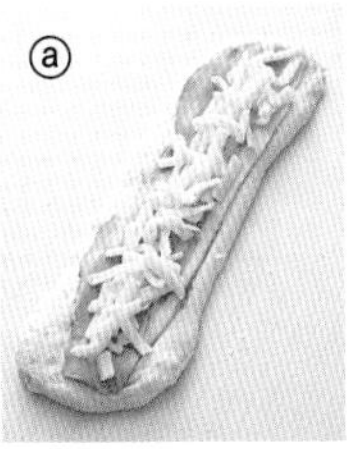


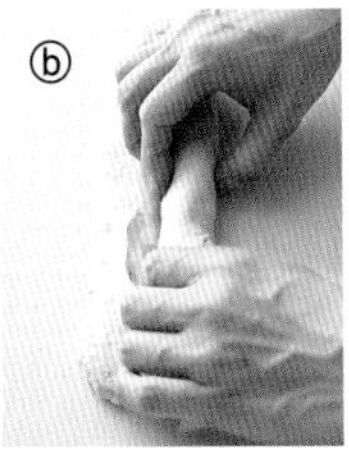


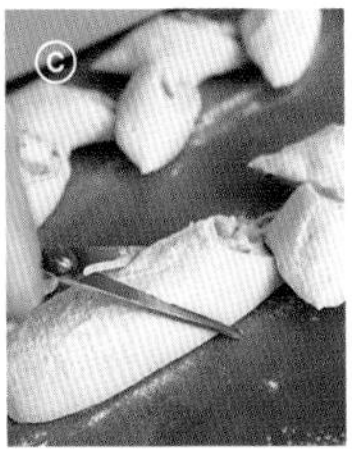

*fougasse lard et curry*

# フーガス ベーコン＆カレー

しっかり葉脈を入れて葉の形に焼き上げました。
カレーパウダーはベーコンにまぶすと風味とうまみがアップ。
焼くときにオリーブオイルをぬるとさっくり感が出ます。

**[ 材料 ]**（2枚分）　＊（　）：ベーカーズパーセント

| | |
|---|---|
| 強力粉（はるゆたかブレンド） | 225g（90%） |
| 強力粉（E65） | 15g（6%） |
| ライ麦全粒粉（粗びき） | 10g（4%） |
| 塩 | 4g（1.6%） |
| 水 | 105g（42%） |
| 元種 | 113g（45%） |
| ベーコン | 70g |
| カレーパウダー | 4g |
| オリーブオイル（ぬり用） | 適量 |
| 打ち粉（強力粉） | 適量 |

＊大ボウル=直径30cmのステンレス製
　中ボウル=直径21cmの耐熱プラスチック製
＊夏は粉類と水を冷やす。

### [ 準備 ]

・ ベーコンは1㎝幅に切って、カレーパウダーをまぶしておく。

### こね　＊ニーダーの場合は5〜6分

**1** 大ボウルに塩と水を入れて混ぜ、元種を加えてミニ泡立て器でよく混ぜる。

**2** 中ボウルに強力粉とライ麦全粒粉を入れ、カードでざっと混ぜる。

**3** **1**に**2**を一気に加えてカードで手早く混ぜ、まとまってきたら手で混ぜて粉と水分をなじませる。

**4** 生地がまとまったら台にのせ、粉っぽさがなくなるまでこねる。

**5** 生地の表面を張らせるように丸めて底をつまんでとじ、とじ目を下にして中ボウルに入れて（こね上げ温度は20度前後）、ラップをかける。

### 一次発酵　25度　4時間30分〜5時間

↓

パンチを入れる

↓

25度　1.5〜2時間

↓

冷蔵室　30分

**1** 25度で4時間30分〜5時間発酵させる。生地がボウルの1/2弱くらいの高さ（約2倍弱）までふくらんだら打ち粉をふり、カードを生地のまわりに差し込んでボウルからはがす。

**2** 打ち粉をふった台にボウルを返して生地を出し、もう一度表面を張らせるように丸め直して、とじ目を下にして中ボウルに入れる。ラップをかけて25度で1.5〜2時間発酵させ、生地がボウルの2/3弱くらいの高さ（約2.5倍弱）までふくらんだら一次発酵終了。このあと冷蔵室で30分冷やす。

### 分割

**1** 生地に打ち粉をふり、カードを生地のまわりに差し込んでボウルからはがし、打ち粉をふった台にボウルを返して出す。

**2** 表面に打ち粉をふって2分割する。重さを量り、1個が235g前後になるように調整する。

**3** 生地の表面を張らせるように丸め直して、とじ目を下にして台にのせ、キャンバス地→ぬれぶきんの順にかける。

### ベンチタイム　20〜25度　20分

20〜25度で20分休ませる。

### 成形

**1** 台と生地に打ち粉をふり、台にとじ目を上にして生地を置く。めん棒で直径21㎝にのばすⓐ。

**2** 生地の上半分に準備しておいたベーコンを広げてのせ、生地を半分に折るⓑ。生地の合わせ目を指で軽くたたいて押さえ、生地を折り返すようにしてしっかりとじるⓒ。

**3** 生地よりひとまわり大きめの長方形に切ったオーブンペーパー2枚に、生地をひっくり返してそれぞれのせ、葉の形に整えるⓓ。カードで葉脈になるように切り込みを入れる。生地の下までしっかり切り、切れ目を開かせるようにのばすⓔ。

**4** 天板にペーパーごとのせるⓕ。

### 最終発酵　25度　50分〜1時間

25度で50分〜1時間発酵させる。生地がひとまわり大きくなったら発酵終了ⓖ。

＊ここでオーブンを220〜230度で予熱する。

### 焼成　200度　15〜17分

**1** 生地の表面にオリーブオイルをハケでぬるⓗ。

**2** 予熱したオーブンに入れ、200度で15〜17分焼く。金網にのせて表面にオリーブオイルをぬってさます。

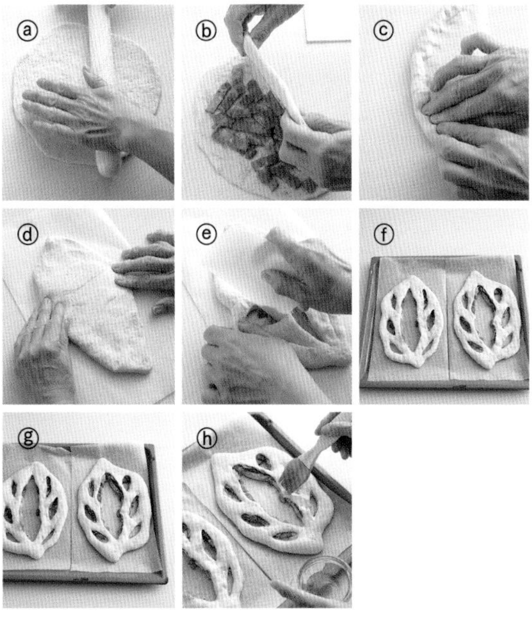

*castagnette aux cassis secs et aux orangettes*

# カシスオレンジのカスタネット

カスタネットの形がキュートなおやつパンです。
大好きなカクテルからヒントを得て、
カシスとオレンジピールの組み合わせが生まれました。
このほか、ラムレーズンとナッツもおすすめ。

## [材料]（5個分）　＊（　）：ベーカーズパーセント

強力粉（E65）……250g（100%）
塩……3g（1.2%）
はちみつ……5g（2%）
水……120g（48%）
元種……113g（45%）
ドライカシス……38g（15%）
オレンジピール（棒状）……13g（5%）
打ち粉（強力粉）・上新粉……各適量

＊大ボウル＝直径30㎝のステンレス製
　中ボウル＝直径21㎝の耐熱プラスチック製
＊夏は粉類と水を冷やす。

## [準備]

・ドライカシスはぬるま湯に10分つけて水けをふく。オレンジピールは軽く洗って3～5㎜幅に切る。これらを混ぜておく。

### こね

1 大ボウルに塩、はちみつと水を入れ、ミニ泡立て器で混ぜて溶かす。さらに元種を加えてよく混ぜる。

2 中ボウルに強力粉を入れる。

3 1に2を一気に加えてカードで手早く混ぜ、まとまってきたら手で混ぜて粉と水分をなじませる。

4 生地がまとまったら台にのせ、粉っぽさがなくなるまでこねる。

5 準備しておいたドライフルーツをP39の こね 4の要領で生地に加え、同様に作る。（こね上げ温度は20度前後）。

### 一次発酵　25度　5～6時間

↓
パンチを入れる
↓
25度　1時間30分～2時間
↓
冷蔵室　30分

1 25度で5～6時間発酵させる。生地がボウルの1/2弱くらいの高さ（約2倍弱）までふくらんだら打ち粉をふり、カードを生地のまわりに差し込んでボウルからはがす。

2 打ち粉をふった台にボウルを返して生地を出し、もう一度表面を張らせるように丸め直して、とじ目を下にして中ボウルに入れる。ラップをかけて25度で1時間30分～2時間発酵させ、生地がボウルの2/3弱くらいの高さ（約2.5倍弱）までふくらんだら一次発酵終了。このあと冷蔵室で30分冷やす。

### 分割

1 生地に打ち粉をふり、カードを生地のまわりに差し込んでボウルからはがし、打ち粉をふった台にボウルを返して出す。

2 生地に打ち粉をふって、カードで放射状に5分割する。それぞれ重さを量り、1個が110g前後になるように調整する。

3 生地の表面を張らせるように丸め直して、打ち粉をふったキャンバス地にとじ目を下にしてのせ、キャンバス地→ぬれぶきんの順にかける。

### ベンチタイム　20～25度　20分

20～25度で20分休ませる。

### 成形

1 生地の表面を張らせるように軽く丸め直し、底をつまんでとじるⓐ。とじ目を下にして置き、表面に打ち粉をふって、細いめん棒（または太めの菜箸）で生地の中央を薄くのばすⓑ。両端の生地を持ってひとひねりし、さらにもう一度ひねるⓒ。

2 天板にキャンバス地を敷いて上新粉をふり、生地をのせて布取りする。キャンバス地→ぬれぶきんの順にかける。
＊ここでオーブンに別の天板を入れ、250度で予熱する。

### 最終発酵　25度　40分

25度で40分発酵させる。生地がひとまわり大きくなったら発酵終了。

### 焼成　230度　7分 → 210度　5分

1 生地取り板で生地をオーブンシートに移し、表面に上新粉をふる。

2 予熱したオーブンに生地をシートごと天板にのせ、オーブンの奥に向かって霧吹きで熱めのぬるま湯を3～4回吹きかける。扉を閉めてスイッチをいったん切って7分待ち、その後230度で7分、210度で5分焼き、金網にのせてさます。

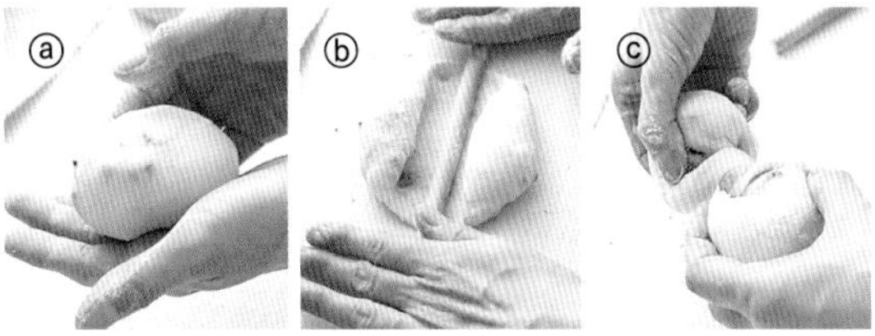

# Rustique

リュスティックは「切りっぱなし」という意味で、
成形はせずに、生地をカットしたらそのままの形で焼き上げます。
ここではじっくり時間をかけて〝冷蔵発酵〟にしました。
しっとり、もっちりした食感、うまみが引き出された粉の風味が最高。

*rustique*

# リュスティック

リュスティックは水分が多めの配合で、
こねずにパンチを3回入れて生地をつなげて作ります。
相性のいい塩を混ぜたオリーブオイルやバターで召し上がれ。
ハムやルッコラをはさんでも美味です。

**[ 材料 ]（4個分）　＊（　）：ベーカーズパーセント**

強力粉（はるゆたか100%）……150(60%)
強力粉（E65）……87g（35%）
はるゆたか石臼びき全粒粉……13g（5%）
塩（ゲランドの塩/細粒）……4g（1.6%）
はちみつ……5g（2%）
水……150g（60%）
元種……113g（45%）
打ち粉（強力粉）・上新粉……各適量

＊ボウル①②＝直径19㎝の耐熱プラスチック製
＊夏は粉類と水を冷やす。

## こね

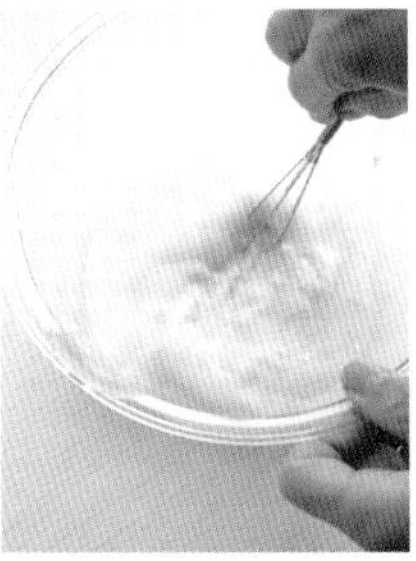

**1**　ボウル①に塩、はちみつ、水の順に量りながら入れ、ミニ泡立て器で混ぜて溶かす。さらに元種を加えてよく混ぜる。

**2**　ボウル②に強力粉、全粒粉の順に計量し、へらでざっと混ぜて**1**を一気に加える。へらで全体を手早く混ぜる。

**3**　粉っぽさがなくなるまで混ぜたら、約22×15㎝の容器に生地を入れて平らにならし、ふたをする。

## 一次発酵　25度　1時間

**1**　25度で1時間発酵させ、生地の表面に打ち粉をふる。

**2**　カードを生地の4辺に差し込んではがし、打ち粉をふった台に返して自然に生地を出す。

パンチを入れる

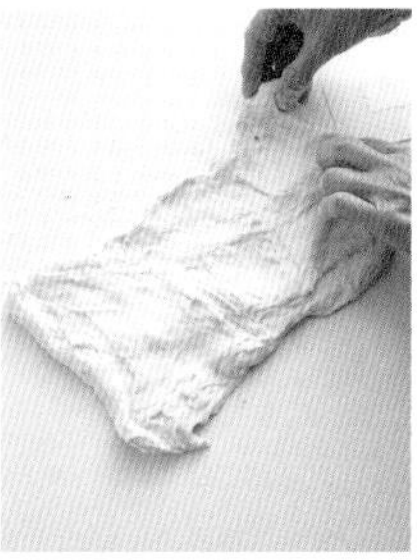

**3** 手に打ち粉をつけて生地を軽く押しながら長方形にのばす。

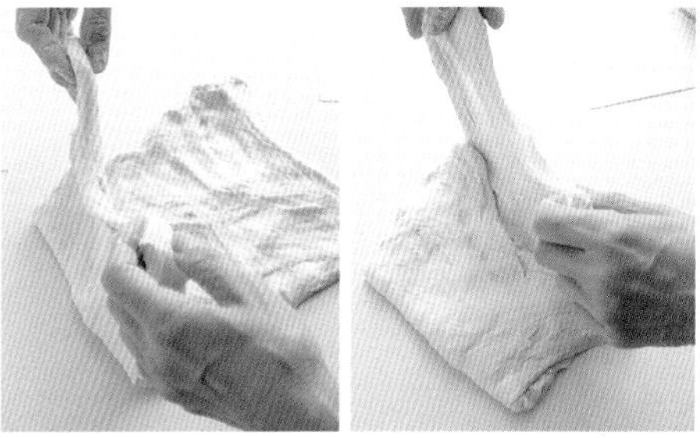

**4** 左側を持ち上げて、生地を引っぱるようにして中央まで折りたたむ。右側も同様にして折りたたむ（3つ折りになる）。

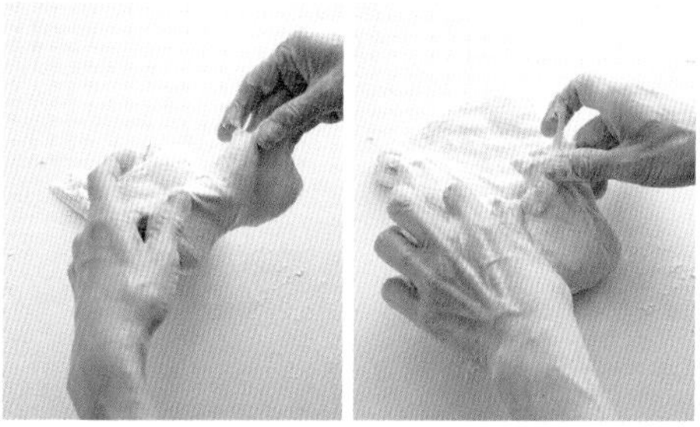

**5** 手前の生地を持ち上げて、引っぱるようにして中央まで折りたたむ。さらに手前を持ち上げて引っぱるようにして折りたたみ（3つ折りになる）、とじ目が下になるように生地を整える。

25度 | 1時間

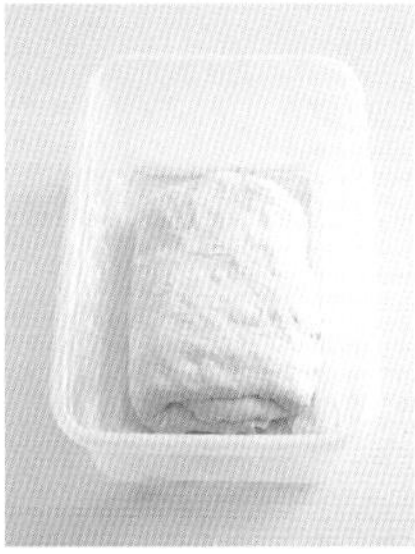

**6** 容器に戻してふたをし、25度で1時間発酵させる。

パンチを入れる | 25度 | 2時間

**7** 生地がひとまわり大きくふくらんだら、**2**～**5**と同様にしてパンチを入れる。容器に戻してふたをし、25度で2時間発酵させる。

冷蔵室 | 12～18時間

**8** 生地が2倍くらいにふくらみ、気泡が出る状態になればOK。ふたをして冷蔵室に入れ（5～7度）、12～18時間発酵させる。

25度 | 1時間

**9** 冷蔵室から出して25度で1時間置く。生地がひとまわり大きくなる。

パンチを入れる

**10** カードを生地の4辺に差し込んではがし、打ち粉をふった台に返して自然に生地を出す。

**11** 手に打ち粉をつけて、長方形に整える。

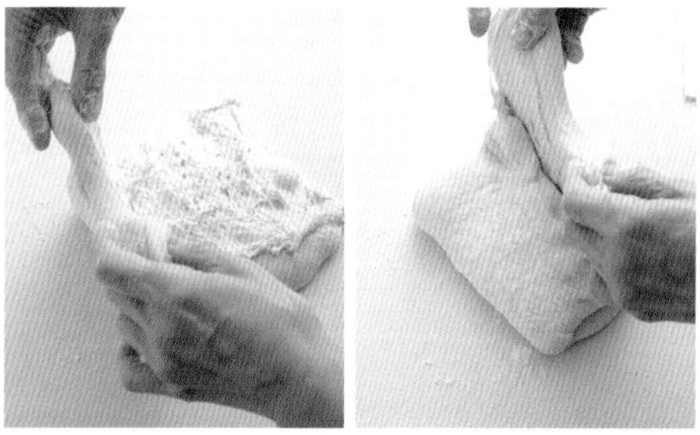

**12** 左側の生地を、空気を入れるように引っぱらずにふんわりと中央まで折りたたみ、右側も同様にして折りたたむ（3つ折りになる）。

25度 | 1時間30分

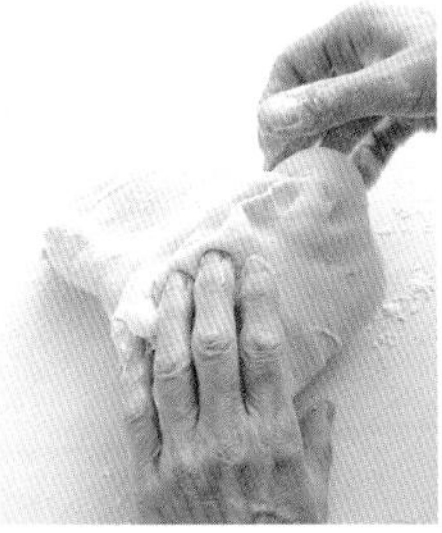
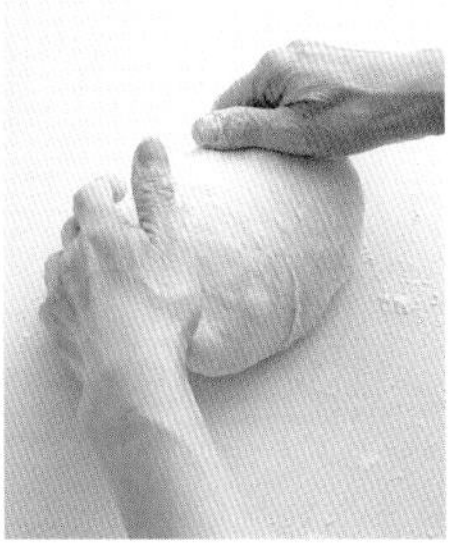

**13** 手前の生地を持ち上げて、空気を入れるようにふんわりと中央まで折りたたむ。さらに手前を持ち上げて空気を入れるようにして折りたたみ（3つ折りになる）、とじ目が下になるように生地を整える。

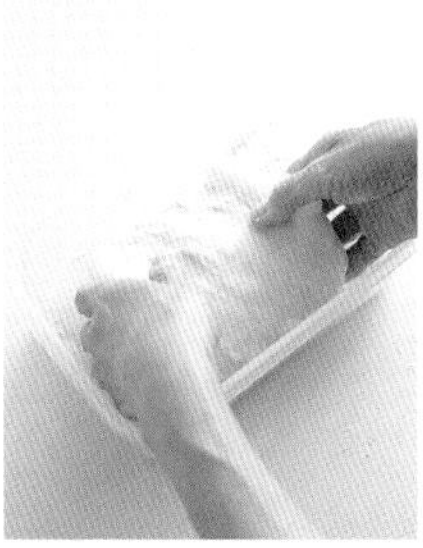

**14** 容器に戻してふたをし、25度で1時間30分発酵させる。

**15** 2倍ほどにふくらみ、気泡が出たら発酵終了。カードを生地の4辺に差し込んではがし、上新粉をふったキャンバス地に返して自然に生地を出す。**12**と同様にして3つ折りにし、とじ目を下にして形を整える。

＊ここでオーブンに天板を入れ、250度で予熱する。

## ベンチタイム | 20～25度 | 10分

上新粉をふったキャンバス地にはさみ、20～25度で10分休ませる。

## 成形

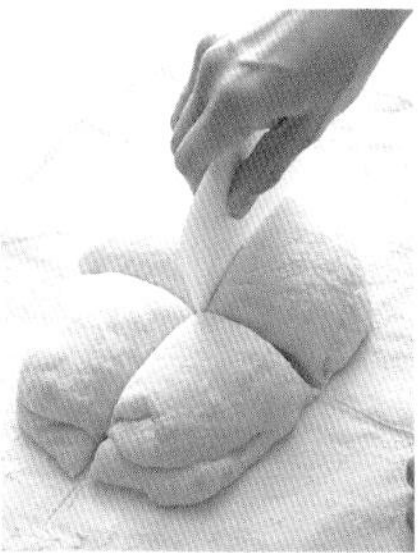

**1** 生地に上新粉をふり、カードで縦→横に4等分にする。

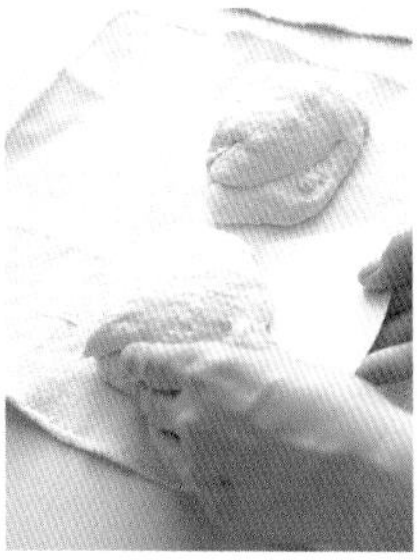

**2** 天板にもう1枚のキャンバス地を敷いて上新粉をふり、生地の折り目のほうからカードを入れて移す。

**3** キャンバス地で布取りする。

＊発酵中の生地の〝横だれ〟を防ぐため、キャンバス地でひだ取りして左右から支える。

## 最終発酵 | 20～25度 | 15～30分

キャンバス地→ぬれぶきんの順にかけ、20～25度で15～30分発酵させる。生地がひとまわり大きくなったら発酵終了。

## 焼成

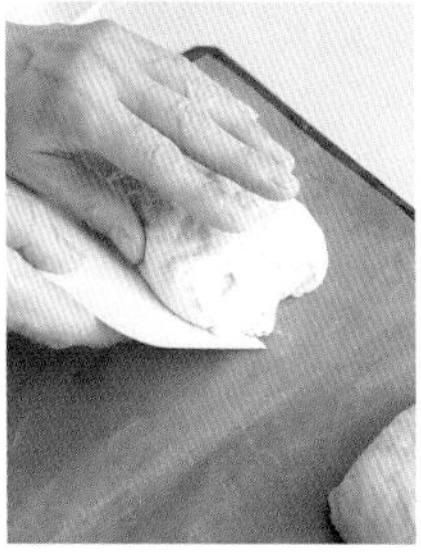

**1** 生地の折り目のほうからカードを入れて、オーブンシートに移す。

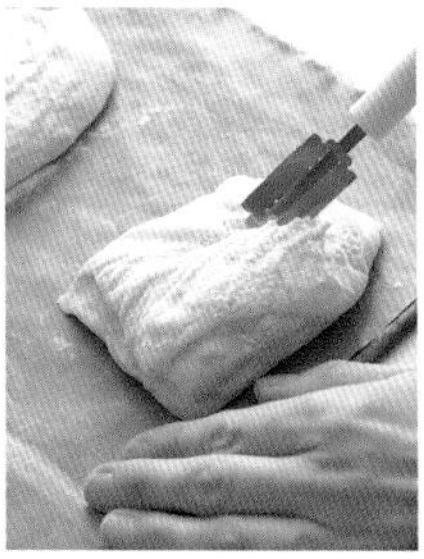

**2** 表面に上新粉をふり、クープナイフを寝かせて、表面をそぐようにクープを縦に1本入れる。

230度 | 5分
↓
210度 | 5～7分

**3** 予熱したオーブンに生地をシートごと天板にのせ、オーブンの奥に向かって霧吹きで熱めのぬるま湯を3～4回吹きかける。扉を閉めてスイッチをいったん切って7分待ち、その後上記の時間通りに焼き、金網にのせてさます。

＊オーブンのスイッチをいったん切ることで、クープがきれいに開く。

*rustique encre de sèche et gouda*

# リュスティック いかすみ＆ゴーダチーズ

とあるパン屋さんで教えてもらったいかすみパウダーを使って、
真っ黒でインパクトのあるリュスティックを作りました。
色の割にはクセがなく、香ばしいチーズとよく合います。

**［材料］**（4個分） ＊（ ）：ベーカーズパーセント

| | |
|---|---|
| 強力粉（E65） | 250g（100%） |
| いかすみパウダー | 6g（2.4%） |
| 塩 | 3g（1.2%） |
| はちみつ | 5g（2%） |
| 水 | 150g（60%） |
| 元種 | 113g（45%） |
| ゴーダチーズ | 75g（30%） |
| 打ち粉（強力粉）・上新粉 | 各適量 |

＊ボウル①②＝直径19㎝の耐熱プラスチック製
＊夏は粉類と水を冷やす。

**［準備］**

・ゴーダチーズは5㎜角に切る。

**こね**

**1** ボウル①に塩、はちみつと水を入れ、ミニ泡立て器で混ぜて溶かす。さらに元種を加えてよく混ぜる。

**2** ボウル②に強力粉、いかすみパウダーを入れ、へらでざっと混ぜる。**1**を一気に加えて、へらで手早く混ぜる。

**3** 粉っぽさがなくなったら、約22×15㎝の容器に生地を入れて平らにならし、ふたをする。

**一次発酵** 25度 1時間

↓

**パンチを入れる** 25度 1時間

↓

**パンチを入れる** 25度 2時間

↓

**冷蔵室** 12～18時間

↓

25度 1時間

↓

**パンチを入れる** 25度 1時間30分

**1** 25度で1時間発酵させ、生地の表面に打ち粉をふる。カードを生地の4辺に差し込んではがし、打ち粉をふった台に返して自然に生地を出す。

**2** 手に打ち粉をつけて生地を軽く押しながら長方形にのばす。

**3** 左側を持ち上げて、生地を引っぱるようにして中央まで折りたたむ。右側も同様にして折りたたむ（3つ折りになる）。

**4** 手前の生地を持ち上げて、引っぱるようにして中央まで折りたたむ。さらに手前を持ち上げて引っぱるようにして折りたたみ（3つ折りになる）、とじ目が下になるように生地を整える。

**5** 容器に戻してふたをし、25度で1時間発酵させる。

**6** 生地がひとまわり大きくふくらんだら、**2**～**4**と同様にしてパンチを入れる。容器に戻してふたをし、25度で2時間発酵させる。

**7** 生地が2倍くらいにふくらみ、気泡が出る状態になればOK。ふたをして冷蔵室に入れ（5～7度）、12～18時間発酵させる。

**8** 冷蔵室から出して25度で1時間置く。

**9** カードを生地の4辺に差し込んではがし、打ち粉をふった台に返して自然に生地を出す。手に打ち粉をつけて、軽く押して形を整える（パンチ）。

**10** 左側の生地を、空気を入れるように引っぱらずにふんわりと中央まで折りたたみ、右側も同様にして折りたたむ（3つ折りになる）。

**11** 手前の生地を持ち上げて、空気を入れるようにふんわりと中央まで折りたたむ。さらに手前を持ち上げて空気を入れるようにして折りたたみ（3つ折りになる）、とじ目が下になるように生地を整える。

**12** 容器に戻してふたをし、25度で1時間30分発酵させる。

＊ここでオーブンに別の天板を入れ、250度で予熱する。

**13** 2倍ほどにふくらみ、気泡が出たら発酵終了。生地に打ち粉をふり、カードを生地の4辺に差し込んではがし、上新粉をふったキャンバス地に返して出す。

**14** 生地を丸く整え、表面にゴーダチーズの半量を均一にのせⓐ、左から1/3を折りⓑ、上に残りのチーズの半量をのせる。さらに右からも1/3を折りⓒ、上に残りのチーズをのせるⓓ。向こうから1/3ⓔ、手前からも1/3を折って3つ折りにしⓕ、そのままくるりと向こうに転がして、とじ目を下にするⓖ。キャンバス地→ぬれぶきんの順にかける。

**ベンチタイム** 20～25度 10分

20～25度で10分休ませる。

## 成形

**1** 生地に上新粉をふり、カードで縦→横に4等分にする。

**2** 天板にキャンバス地を敷いて上新粉をふり、カードを生地の折り目のほうから入れてのせ、布取りする。キャンバス地→ぬれぶきんの順にかける。

**最終発酵** 20～25度 30分

20～25度で30分発酵させる。生地がひとまわり大きくなったら発酵終了。

**焼成** 230度 7分 ➜ 210度 5～7分

**1** カードで生地をオーブンシートにのせ、表面に上新粉をふる。クープナイフを寝かせて表面をそぐようにクープを縦に1本入れる。

**2** 予熱したオーブンに生地をシートごと天板にのせ、オーブンの奥に向かって霧吹きで熱めのぬるま湯を3～4回吹きかける。扉を閉めてスイッチをいったん切って7分待ち、その後230度で7分、210度で5～7分焼き、金網にのせてさます。

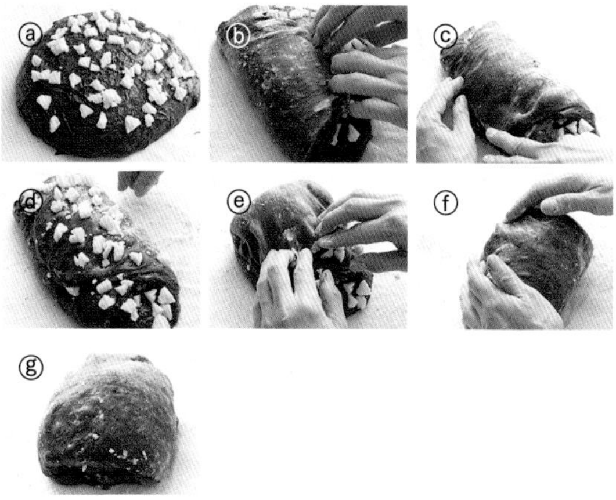

*rustique romarin et tomates sèches / cressons et olives*

# リュスティック
## ローズマリー＆ドライトマト、クレソン＆オリーブ

イタリアンのイメージで考えた、おしゃれな組み合わせ。
具を混ぜるときはガスを抜かないように
折りたたみながら混ぜ込むのがポイントです。

## ローズマリー＆ドライトマト

### [ 材料 ]（4個分）　＊（　）：ベーカーズパーセント

強力粉（E65）……237g（95%）
ライ麦全粒粉（石臼びき）……13g（5%）
塩……3g（1.2%）
はちみつ……5g（2%）
水……145g（58%）
元種……113g（45%）
生のローズマリー……3g（1.2%）
ドライトマト（オイル漬け）……50g（20%）
パルミジャーノ・レッジャーノ……20g（8%）
打ち粉（強力粉）・上新粉……各適量

＊ボウル①②＝直径19㎝の耐熱プラスチック製
＊夏は粉類と水を冷やす。

### [ 準備 ]

・ドライトマトはオイルをふきとり、5㎜角に切る。チーズはすりおろす。

### こね

**1** ボウル①に塩、はちみつと水を入れ、ミニ泡立て器で混ぜて溶かす。さらに元種を加えてよく混ぜる。

**2** ボウル②に強力粉、ライ麦全粒粉を入れ、へらでざっと混ぜる。**1**を一気に加えて、へらでよく混ぜる。

**3** 粉っぽさがなくなったら、約22×15㎝の容器に生地を入れて平らにならし、ふたをする。

**一次発酵**　25度　1時間
↓
パンチを入れる　25度　1時間
↓
パンチを入れる　25度　2時間
↓
冷蔵室　12～18時間
↓
25度　1時間
↓
パンチを入れる　25度　1時間30分

**1** P61 **一次発酵** **1**～**15**まで同様に作る。
＊ここでオーブンに別の天板を入れ、250度で予熱する。

**2** ローズマリー、ドライトマト、チーズはP65 **一次発酵** **14**の要領で生地に加えて整えⓐ、キャンバス地→ぬれぶきんの順にかける。

### ベンチタイム　20～25度　10分

20～25度で10分休ませる。

### 成形

**1** 生地に上新粉をふり、カードで縦→横に4等分にする。

**2** 天板にキャンバス地を敷いて上新粉をふり、カードを生地の折り目のほうから入れてのせ、布取りする。キャンバス地→ぬれぶきんの順にかける。

### 最終発酵　20～25度　30分

20～25度で30分発酵させる。生地がひとまわり大きくなったら発酵終了。

### 焼成　230度　7分 → 210度　5～7分

**1** カードで生地をオーブンシートにのせ、表面に上新粉をふる。クープナイフを寝かせて表面をそぐようにクープを縦に1本入れる。

**2** 予熱したオーブンに生地をシートごと天板にのせ、オーブンの奥に向かって霧吹きで熱めのぬるま湯を3～4回吹きかける。扉を閉めてスイッチをいったん切って7分待ち、その後230度で7分、210度で5～7分焼き、金網にのせてさます。

---

## クレソン＆オリーブ

クレソンの葉の部分38gは3㎝長さに切り、黒・グリーンオリーブ（種なし）各38gは5㎜幅に切るⓑ。これらを、ローズマリー＆ドライトマトと同様に混ぜ込む。

---

*rustique pétales de cerisiers et haricots rouges*

# リュスティック
## 桜の花&大納言あずき

あんぱんでおなじみの桜の花の塩漬けとあずきの組み合わせ。
今回は砂糖がついていないぬれ甘納豆を使って
桜の花の風味をより引き立たせています。

*chocolat, cerise sec et macadamia*

## チョコ&チェリー&マカデミアナッツ

*chocolat blanc et 3 fruits rouges secs*

## ホワイトチョコ&トリプルベリー

## 桜の花&大納言あずき

### [材料](4個分)　＊( ):ベーカーズパーセント

強力粉(E65) ……………………225g(90%)
はるゆたか石臼びき全粒粉…………25g(10%)
塩 ………………………………3g(1.2%)
はちみつ ………………………5g(2%)
水 ………………………………145g(58%)
元種 ……………………………113g(45%)
大納言あずき(ぬれ甘納豆) ……………60g(24%)
桜の花の塩漬け ………………13g(5%)
打ち粉(強力粉)・上新粉 ……………各適量

＊ボウル①②=直径19cmの耐熱プラスチック製

### [準備]

- 桜の花の塩漬けはぬるま湯につけて塩抜きし、水けをふく。
- 夏は粉類と水を冷やす。

### こね

**1** ボウル①に塩、はちみつと水を入れ、ミニ泡立て器で混ぜて溶かす。さらに元種を加えてよく混ぜる。

**2** ボウル②に強力粉、全粒粉を入れ、へらでざっと混ぜる。**1**を一気に加えて、へらでよく混ぜる。

**3** 粉っぽさがなくなったら、約22×15cmの容器に生地を入れて、平らにならし、ふたをする。

**一次発酵** | 25度 | 1時間
↓
パンチを入れる | 25度 | 1時間
↓
パンチを入れる | 25度 | 2時間
↓
冷蔵室 | 12~18時間
↓
25度 | 1時間
↓
パンチを入れる | 25度 | 1時間30分

**1** P61 **一次発酵** **1**~**15**まで同様に作る。
＊ここでオーブンに別の天板を入れ、250度で予熱する。

**2** 大納言あずきと桜の花の塩漬けはP65 **一次発酵** **14**の要領で生地に加えて整え、キャンバス地→ぬれぶきんの順にかける。

**ベンチタイム** | 20~25度 | 10分

20~25度で10分休ませる。

### 成形

**1** 生地に上新粉をふり、カードで縦→横に4等分にする。

**2** 天板にキャンバス地を敷いて上新粉をふり、カードを生地の折り目のほうから入れてのせ、布取りする。キャンバス地→ぬれぶきんの順にかける。

**最終発酵** | 20~25度 | 30分

20~25度で30分発酵させる。生地がひとまわり大きくなったら発酵終了。

**焼成** | 230度 | 7分 → 210度 | 5~7分

**1** カードで生地をオーブンシートにのせ、表面に上新粉をふる。クープナイフを寝かせて表面をそぐようにクープを縦に1本入れる。

**2** 予熱したオーブンに生地をシートごと天板にのせ、オーブンの奥に向かって霧吹きで熱めのぬるま湯を3~4回吹きかける。扉を閉めてスイッチをいったん切って7分待ち、その後230度で7分、210度で5~7分焼き、金網にのせてさます。

---

### チョコ&チェリー&マカデミアナッツ

生地=強力粉(E65) 237g、ライ麦全粒粉(石臼びき) 13g、塩3g、はちみつ5g、冷水145g、元種113g。 具=製菓用チョコレート(ヴァローナバトンショコラ/焼き込み用) 50gは1cm長さに折り、生マカデミアナッツ38gは150度のオーブンで10分焼き、粗めに砕く。ほかにドライチェリー25gを用意。作り方は同じだが、具を桜の花&大納言あずきと同様に混ぜ込むⓐ。

### ホワイトチョコ&トリプルベリー

生地=強力粉(E65) 250g、ラズベリーパウダー6g、塩3g、はちみつ5g、冷水150g、元種113g。具=製菓用ホワイトチョコレート(ヴァローナフェーブイボワール) 25gは手で4つに折る。ドライクランベリー38g、ドライブルーベリー38gはぬるま湯に10分つけて水けをふく。作り方は同じだが、具を桜の花&大納言あずきと同様に混ぜ込むⓑ。

ⓐ
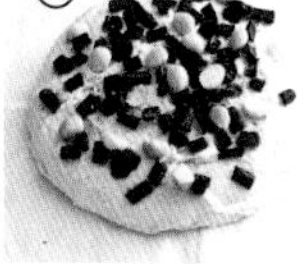
ⓑ

# パン教室で 人気のお楽しみパン

ピザ、フォカッチャのような塩味パンや、
あんパン、ドーナツなど口どけのいい甘いパンも
自家製酵母で作ると一段と風味や食感がおいしくなります。
教室を開いて10年以上がたちますが、
特に生徒さんからの歓声が大きなレシピをご紹介します。

*pizza*

## ピザ

これはふだん、うちでよく食べているピザで、
家族のために何度も試作しているうちに生まれたレシピです。
外側はパリッとかみごたえがあり、具をのせたところはもっちり。
ふわふわのピザパンとも違う、いままでにない食感だと思います。

**[材料]**（直径28cmのもの1枚分）　＊（　）：ベーカーズパーセント

強力粉（はるゆたかブレンド）…………200g（80%）
薄力粉（ドルチェ）…………50g（20%）
塩…………3g（1%）
洗双糖…………4g（1.5%）
水…………75g（30%）
元種…………113g（45%）
オリーブオイル（ぬり用）…………適量
打ち粉（強力粉）…………適量
トマトソース・玉ねぎ・フルーツトマト・生のバジル・
　モッツァレラチーズ（生タイプ）・シュレッドチーズ
…………各適量

＊大ボウル=直径30cmのステンレス製
　中ボウル=直径21cmの耐熱プラスチック製

**[準備]**

・玉ねぎとフルーツトマトは薄切りにし、バジルはちぎる。

**こね**　＊ニーダーの場合は10～11分

**1** 大ボウルに強力粉、薄力粉を入れ、カードでざっと混ぜる。

**2** 中ボウルに塩、洗双糖、水、元種を入れ、ミニ泡立て器でよく混ぜる。

**3** **1**に**2**を一気に加えてカードで手早く混ぜる。まとまってきたら手で混ぜて粉と水分をなじませる。

**4** 生地がまとまったら台にのせ、こねムラがなくなるまでこねる。表面がややザラついているくらいでOK。

**5** 生地の表面を張らせるように丸め、底をつまんでとじ、とじ目を下にして中ボウルに入れてラップをかける。

**一次発酵**　27～28度　5～6時間

27～28度で5～6時間発酵させる。生地がボウルの1/2強の高さ（約2倍強）までふくらんだら一次発酵終了。

**分割**

**1** 生地に打ち粉をふり、カードを生地のまわりに差し込んでボウルからはがし、台にボウルを返して出す。

**2** 生地をふんわりと丸め直して、とじ目を下にして置き（分割はしない）、ぬれぶきんをかける。

**ベンチタイム**　20～25度　20～30分

20～25度で20～30分休ませる。

**成形**

**1** とじ目を下にして生地を置き、めん棒で直径28cmに丸くのばすⓐ。

**2** 天板にオーブンシートをのせて生地を置き、表面にオリーブオイルをハケでぬってラップをかけるⓑ。

**最終発酵**　27～28度　50分

27～28度で50分発酵させる。生地の厚みが2倍になればOK。
＊オーブンを250度で予熱する。

**焼成**　220～230度　10分

**1** 生地の表面にフォークで穴をあけ、トマトソースを全体にぬる。玉ねぎ、トマト、バジル、モッツァレラチーズ、シュレッドチーズの順にのせる。

**2** 予熱したオーブンに入れ、220～230度で10分焼く。

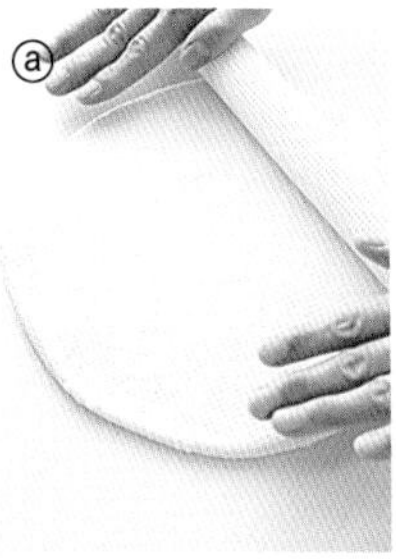


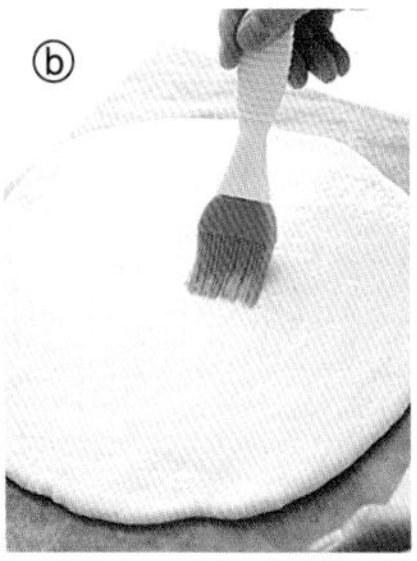

*plain focaccia*

# プレーンフォカッチャ

オリーブオイルをぬって、粗塩をかけただけのイタリアのパン。
私はうまみがあってまろやかな〝マルドンソルト〟という粗塩を使い、
カリッとした食感と塩味のアクセントを楽しんでいます。
生ハム、チーズ、ルッコラをはさんでもおいしいですよ。

**[ 材料 ]**（3個分）　＊（　）：ベーカーズパーセント

| | |
|---|---|
| 強力粉（はるゆたかブレンド） | 235g（94%） |
| 強力粉（E65） | 15g（6%） |
| 塩 | 4g（1.6%） |
| 洗双糖 | 5g（2%） |
| 牛乳 | 38g（15%） |
| 水 | 80g（32%） |
| オリーブオイル | 20g（8%） |
| 元種 | 113g（45%） |
| オリーブオイル（ぬり用） | 適量 |
| 粗塩 | 適量 |
| 打ち粉（強力粉） | 適量 |

＊大ボウル＝直径30㎝のステンレス製
　中ボウル＝直径21㎝の耐熱プラスチック製

**こね**　＊ニーダーの場合は8分

**1** 大ボウルに強力粉を入れ、カードでざっと混ぜる。

**2** 中ボウルに塩、洗双糖、牛乳、水、オリーブオイルを入れ、ミニ泡立て器で混ぜる。さらに元種を加えて混ぜる。**1**に**2**を加えて混ぜ、あとはP71の**こね 3**～**5**の要領で整える。

**一次発酵** | 27～28度 | 4時間30分～5時間

↓

**パンチを入れる**

↓

27～28度 | 2時間

**1** 27～28度で4時間30分～5時間発酵させる。生地がボウルの1/2くらいの高さ（約2倍）までふくらんだら打ち粉をふり、カードを生地のまわりに差し込んでボウルからはがす。

**2** 台にボウルを返して生地を出し、もう一度表面を張らせるように丸め直し、とじ目を下にして中ボウルに入れる。ラップをかけて27～28度で2時間発酵させ、生地がボウルの2/3弱くらいの高さ（約2.5倍弱）までふくらんだら一次発酵終了。

**分割**

**1** 生地に打ち粉をふり、カードを生地のまわりに差し込んで、ボウルからはがす。

**2** すぐに台にボウルを返して、自然に生地を出す。

**3** カードで3分割にする。1個が170g前後になるように調整する。

**4** 生地をふんわりと丸め直しⓐ、底をつまんでしっかりとじⓑ、とじ目を下にして台の上に置く。

**ベンチタイム** | 20～25度 | 20分

20～25度で20分休ませるⓒ。冬場の乾燥する時期は、固く絞ったぬれぶきんをかけて、生地が乾燥しないようにする。

**成形**

**1** 生地に打ち粉をふり、中心から外に向けて8方向にめん棒でのばし、直径14㎝にするⓓ。

**2** 天板にオーブンペーパーを敷き、**1**をのせて直径12㎝に整えるⓔ。気泡がある場合は竹串でつぶす。

**最終発酵** | 27～28度 | 50分

27～28度で50分発酵させる。生地がひとまわり大きくなったら発酵終了ⓕ。

＊オーブンを220～230度で予熱する。

**焼成** | 200度 | 20分

**1** 生地の表面に、オリーブオイルをハケでぬるⓖ。

**2** 指を生地の底まで差すようにして、7か所穴をあけるⓗ。粗塩を表面にふって予熱したオーブンに入れて200度で20分焼き、金網にのせてさます。

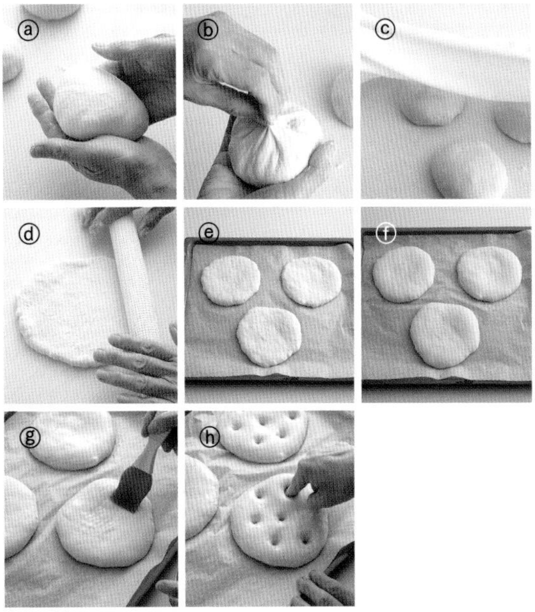

*focaccia aux cerises noires*

# ダークチェリーのデザートフォカッチャ

ここでは厚めに焼いて、しっとり、ふんわり感を出しています。
焼きたてはフルーツの果汁がジュワッと溶け出して、最高においしい！

## [ 材料 ]（18cmの角型セルクル１個分）　＊（　）：ベーカーズパーセント

強力粉（はるゆたかブレンド）……210g（75%）
強力粉（E65）……70g（25%）
塩……4g（1.5%）
洗双糖……8g（3%）
牛乳……84g（30%）
水……42g（15%）
オリーブオイル……28g（10%）
元種……126g（45%）
サルタナレーズン（キルシュワッサー漬け）……28g（10%）
ドライクランベリー……28g（10%）
冷凍ダークチェリー（ホール）……12個
クリームチーズ……36g
オリーブオイル（ぬり用）……適量
グラニュー糖……適量
打ち粉（強力粉）……適量

＊大ボウル＝直径30cmのステンレス製
　中ボウル＝直径21cmの耐熱プラスチック製

## [ 準備 ]

- セルクルの底と側面に合わせて、型より2cmほどはみ出るようにオーブンペーパーを敷き込む。

## こね　＊ニーダーの場合は10分

**1**　大ボウルに強力粉を入れる。

**2**　中ボウルに塩、洗双糖、牛乳、水、オリーブオイルを入れ、ミニ泡立て器で混ぜる。さらに元種を加えて混ぜる。**1**に**2**を加えて混ぜ、あとはP71の**こね** **3**、**4**の要領で整える。

**3**　台に生地を丸めて置き、手で押して手のひら大に丸くのばす。上半分にサルタナレーズンとドライクランベリーの各半量強をのせ、手で軽く押さえる。

**4**　カードで生地を横半分に切り、切った生地をドライフルーツの上に重ねる。

**5**　左半分に残りのドライフルーツの半量強をのせ、カードで縦半分に切って、切った生地をドライフルーツの上に重ねて4層にする。

**6**　最後に残りのドライフルーツをのせ、両端を持ち上げて包む。さらに三角の頂点を持ち上げて具をおおうように包み込む。

**7**　カードでひっくり返して、具が出ないように丸める。底の生地をつまんでとじ、とじ目を下にして中ボウルに入れ、ラップをかける。

## 一次発酵　27～28度　5～6時間

↓

パンチを入れる

↓

27～28度　1時間30分～2時間

**1**　27～28度で5～6時間発酵させる。生地がボウルの1/2強くらいの高さ（約2倍強）までふくらんだら打ち粉をふり、カードを生地のまわりに差し込んでボウルからはがす。

**2**　台にボウルを返して生地を出し、もう一度表面を張らせるように丸め直し、とじ目を下にして中ボウルに入れる。ラップをかけて27～28度で1時間30分～2時間発酵させ、生地がボウルの2/3くらいの高さ（約2.5倍）までふくらんだら一次発酵終了。

## 分割

**1**　生地に打ち粉をふり、カードを生地のまわりに差し込んで、ボウルからはがす。

**2**　すぐに台にボウルを返して、自然に生地を出す。

**3**　生地の表面を張らせるように丸め直し、底をつまんでしっかりとじ、とじ目を下にして台の上に置く（分割はしない）。

## ベンチタイム　20～25度　20分

20～25度で20分休ませる。冬場の乾燥する時期は、固く絞ったぬれぶきんをかけて、生地が乾燥しないようにする。

## 成形

**1**　生地に打ち粉をふってとじ目を上にし、具が出ないようにもう一度とじ目をつまんでとじるⓐ。

**2**　とじ目を下にして台にのせ、めん棒で20㎝角にのばすⓑ。セルクルに敷いたオーブンペーパーを台に置き、折り目に合わせて生地を置くⓒ。

**3**　生地とペーパーの角を合わせて、18㎝角になるように詰めながらのせる。シートの対角線上の二隅を持って、セルクルにはめ込むⓓ。

**4**　天板にのせ、手のひらで軽く生地を押さえるようにして、厚みを均一にする。

## 最終発酵　27～28度　50分～1時間

27～28度で50分～1時間発酵させる。生地がひとまわり大きくなったら発酵終了。

＊オーブンを220～230度で予熱する。

## 焼成　200度　20～22分

**1**　生地の表面に、オリーブオイルをハケでぬるⓔ。

**2**　指で均等に12か所穴をあけるⓕ。穴にクリームチーズを3gずつギュッと押し込み、グラニュー糖を小さじ½ずつふる。

**3**　さらにダークチェリーを1個ずつ押し込みⓖ、全体にうっすらとグラニュー糖をふるⓗ。予熱したオーブンに入れて200度で20～22分焼き、セルクルから出して、金網にのせてさます。

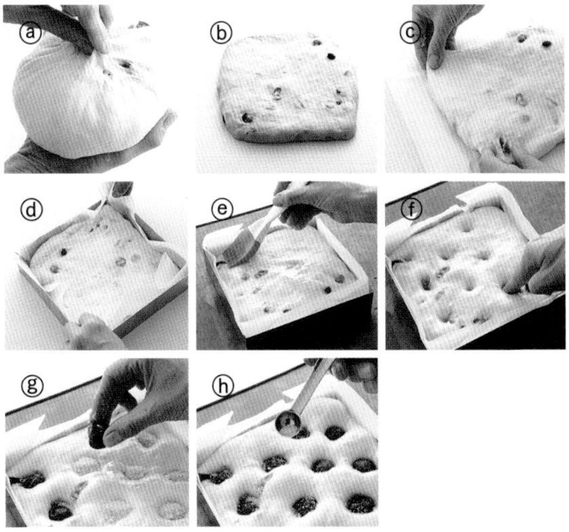

*plain muffin*

# プレーンマフィン

ホシノ酵母の教室で作っていたマフィンのレシピを、
自家製酵母に転化したもので、この配合には自信があります。
これは、ぜひ高さがあるセルクルで作ってください。
焼き上がったときの姿とやわらかさが、何とも最高です。

**[ 材料 ]**（直径 8.5 ×高さ5cmのセルクル5個分）

＊（ ）：ベーカーズパーセント

強力粉（はるゆたかブレンド）……264g（88%）
はるゆたか石臼びき全粒粉……36g（12%）
塩……3g（1%）
はちみつ……18g（6%）
牛乳……18g（6%）
水……96g（32%）
元種……135g（45%）
バター（食塩不使用）……18g（6%）
打ち粉（強力粉）・上新粉……各適量

＊大ボウル＝直径30cmのステンレス製
　中ボウル＝直径21cmの耐熱プラスチック製

**[ 準備 ]**

・ バターは室温でやわらかくしておく。

**こね**　＊ニーダーの場合は13～14分

**1** 大ボウルに強力粉、全粒粉を入れ、カードでざっと混ぜる。

**2** 中ボウルに塩、はちみつ、牛乳、水を入れ、ミニ泡立て器で混ぜて溶かす。さらに元種を加えてよく混ぜる。

**3** **1**に**2**を一気に加えてカードで手早く混ぜる。まとまってきたら手で混ぜて粉と水分をなじませる。

**4** 生地がまとまったら台にのせ、粉っぽさがなくなるまでこねる。バターを練り込み、さらにこねる。表面がつるんとなめらかになったらOK。

**5** 生地の表面を張らせるように丸めて底をつまんでとじ、とじ目を下にして中ボウルに入れてラップをかける。

**一次発酵**｜**27～28**度｜**4～5**時間
↓
**パンチを入れる**
↓
**27～28**度｜**1**時間**30**分～**2**時間

**1** 27～28度で4～5時間発酵させる。生地がボウルの1/2強くらいの高さ（約2倍強）までふくらんだら打ち粉をふり、カードを生地のまわりに差し込んでボウルからはがす。

**2** 台にボウルを返して生地を出し、もう一度表面を張らせるように丸め直し、とじ目を下にして中ボウルに入れる。ラップをかけて27～28度で1時間30分～2時間発酵させ、生地がボウルの2/3くらいの高さ（約2.5倍）までふくらんだら一次発酵終了。

**分割**

**1** 生地に打ち粉をふり、カードを生地のまわりに差し込んでボウルからはがし、台にボウルを返して出す。

**2** 生地に打ち粉をふって、カードで放射状に5分割する。それぞれ重さを量り、1個が115g前後になるように調整する。生地をふんわりと丸め直して、とじ目を下にして置く。

**ベンチタイム**｜**20～25**度｜**20**分

20～25度で20分休ませる。冬場の乾燥する時期は、固く絞ったぬれぶきんをかけて、生地が乾燥しないようにする。

**成形**

**1** ボウルに上新粉適量を入れておく。天板にオーブンシートを敷いてセルクルをのせておく。

**2** 生地を軽く丸め直して、底をつまんでとじるⓐ。上新粉を全体にまぶすⓑ。とじ目を下にしてセルクルの真ん中に入れⓒ、ぬれぶきんをかける。

**最終発酵**｜**27～28**度｜**30～40**分

27～28度で30～40分発酵させる。生地がひとまわり大きくなったら発酵終了。

＊オーブンを220度で予熱する。

**焼成**｜**200**度｜**12～13**分

**1** 生地の表面に上新粉をふり、別のオーブンシートをかぶせて、もう1枚天板をのせる。

**2** 予熱したオーブンに入れ、200度で12～13分焼く。焼き上がったらセルクルから出して、金網にのせてさます。

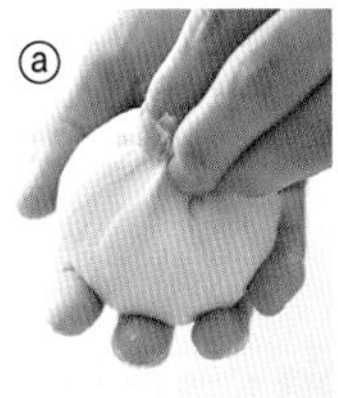
ⓐ

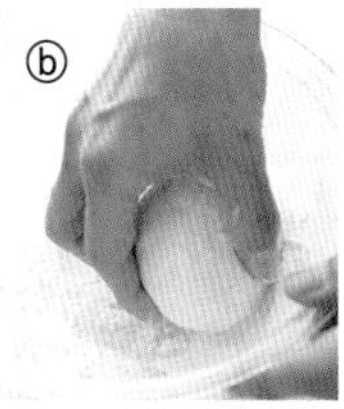
ⓑ

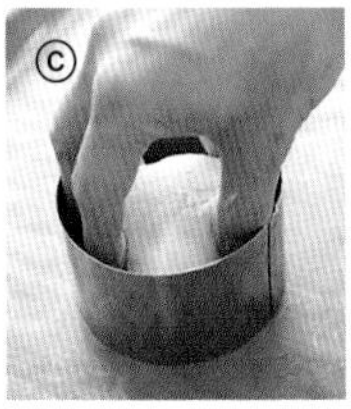
ⓒ

*Kinako anpan*

# こだわりの
# きな粉あんパン

丹波の黒豆のきな粉をたっぷりとまぶして、
香ばしく仕上げたのが私のこだわり。
お好みのきな粉があれば、もちろんそれでもいいですよ。
玄米を加えることで、プチプチの食感と歯ごたえが楽しめます。

**[ 材料 ]**（直径8.5×高さ3cmのセルクル10個分）
＊（　）：ベーカーズパーセント

| | |
|---|---|
| 強力粉（はるゆたかブレンド） | 225g（90%） |
| 全粒粉 | 25g（10%） |
| 炊いた玄米（硬め） | 100g（40%） |
| 塩 | 3g（1.2%） |
| 洗双糖 | 15g（6%） |
| 水 | 88g（35%） |
| 元種 | 113g（45%） |
| バター（食塩不使用） | 20g（8%） |
| こしあん（または粒あん） | 300g |
| 栗の甘露煮 | 5個 |
| 丹波黒豆きな粉 | たっぷり |
| 打ち粉（強力粉） | 適量 |

＊大ボウル=直径30cmのステンレス製
　中ボウル=直径21cmの耐熱プラスチック製

### [ 準備 ]

・こしあんは10等分にして丸める。
・栗の甘露煮は半分に切る。
・バターは室温でやわらかくしておく。

### こね　＊ニーダーの場合は11分

**1**　大ボウルに強力粉、全粒粉、炊いた玄米を入れ、カードでざっと混ぜる。

**2**　中ボウルに塩、洗双糖と水を入れ、ミニ泡立て器で混ぜる。さらに元種を加えて混ぜる。**1**に**2**を加えて混ぜ、あとはP16 こね **6**～**11**を参照して作る。

### 一次発酵　27～28度　5～6時間

↓

パンチを入れる

↓

27～28度　2時間

**1**　27～28度で5～6時間発酵させる。生地がボウルの1/2くらいの高さ(約2倍)までふくらんだら打ち粉をふり、カードを生地のまわりに差し込んでボウルからはがす。

**2**　台にボウルを返して生地を出し、もう一度表面を張らせるように丸め直し、とじ目を下にして中ボウルに入れる。ラップをかけて27～28度で2時間発酵させ、生地がボウルの2/3弱くらいの高さ(約2.5倍弱)までふくらんだら一次発酵終了。

### 分割

**1**　生地に打ち粉をふり、カードを生地のまわりに差し込んで、ボウルからはがし、台にボウルを返して出す。

**2**　カードで10分割にする。1個が60g前後になるように調整する。

**3**　生地の表面を張らせるようにもう一度丸め直し、底を指でつまんでしっかりとじ、とじ目を下にして台の上に置く。

### ベンチタイム　20～25度　20分

20～25度で20分休ませる。冬場の乾燥する時期は、固く絞ったぬれぶきんをかけて、生地が乾燥しないようにする。

### 成形

**1**　台にとじ目を上にして生地を置き、手のひらで直径10㎝にのばす。このとき周囲を薄く、中央を厚めにするといいⓐ。

**2**　生地の中央にこしあん、栗の甘露煮の順にのせるⓑ。生地の対角線上に上下、左右の順に持ち上げて包むようにつまみⓒ・ⓓ、さらに残っている端も同様につまんで包み、合わせ目をしっかりとじて丸めるⓔ。

**3**　ボウルにきな粉を入れて、生地にたっぷりとまぶすⓕ。

**4**　天板にオーブンシートを敷いてセルクルをのせ、とじ目を下にして生地を入れるⓖ。

### 最終発酵　27～28度　50分

27～28度で50分発酵させる。生地がひとまわり大きくなったら発酵終了。

＊オーブンを220～230度で予熱する。

### 焼成　200度　20分

**1**　生地に残ったきな粉を茶こしでふりかける。

**2**　セルクルの上に別のオーブンシートをかぶせ、天板をもう1枚のせる。予熱したオーブンに入れて200度で20分焼き、セルクルから出して、金網にのせてさます。

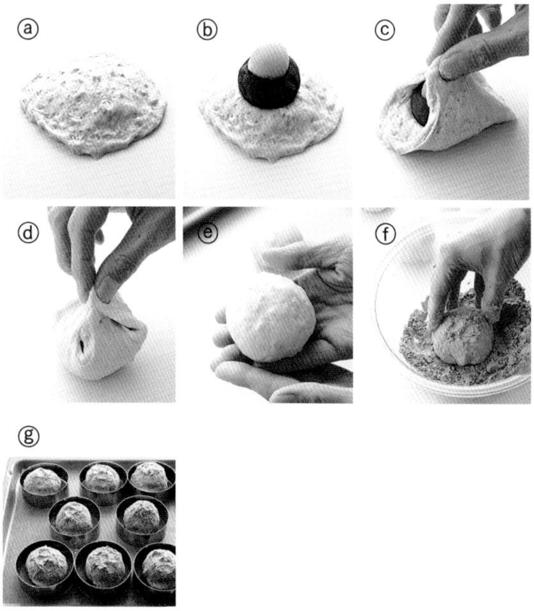

*petit pain aux haricots*

# 豆パン

いろんなお豆の味わいや食感が一度に楽しめる、
ミックス甘納豆がぎっしり。
ライ麦粉を少し加えることで、サクッとした歯ごたえに。
ここでは石臼びきを使っていますが、普通の粗びきでもいいです。

### [ 材 料 ]（直径8.5×高さ3cmのセルクル10個分）

＊（　）：ベーカーズパーセント

強力粉（はるゆたかブレンド）……285g（95%）
ライ麦全粒粉（石臼びき）……15g（5%）
塩……3g（1%）
洗双糖……9g（3%）
牛乳……18g（6%）
水……96g（32%）
元種……135g（45%）
バター（食塩不使用）……15g（5%）
ミックス甘納豆……200g
くるみ……10かけ
打ち粉（強力粉）・バター（型用）……各適量

＊大ボウル=直径30cmのステンレス製
　中ボウル=直径21cmの耐熱プラスチック製

### [ 準 備 ]

- セルクルの内側にバターを薄くぬっておく。
- バターは室温でやわらかくしておく。

#### こね　＊ニーダーの場合は13分

**1** 大ボウルに強力粉、全粒粉を入れ、カードでざっと混ぜる。

**2** 中ボウルに塩、洗双糖と牛乳、水を入れ、ミニ泡立て器で混ぜる。さらに元種を加えてよく混ぜる。**1**に**2**を加えて混ぜ、あとはP16 **こね** **6**～**11**を参照して作る。

#### 一次発酵　27～28度　5時間
↓
パンチを入れる
↓
27～28度　1時間30分～2時間

**1** 27～28度で5時間発酵させる。生地がボウルの1/2くらいの高さ（約2倍）までふくらんだら打ち粉をふり、カードを生地のまわりに差し込んでボウルからはがす。

**2** 台にボウルを返して生地を出し、もう一度表面を張らせるように丸め直し、とじ目を下にして中ボウルに入れる。ラップをかけて27～28度で1時間30分～2時間発酵させ、生地がボウルの2/3くらいの高さ（約2.5倍）までふくらんだら一次発酵終了。

#### 分割

**1** 生地に打ち粉をふり、カードを生地のまわりに差し込んでボウルからはがし、台にボウルを返して出す。

**2** カードで10分割にする。1個が60g前後になるように調整する。

**3** 生地の表面を張らせるように丸め直し、底をつまんでしっかりとじ、とじ目を下にして台の上に置く。

#### ベンチタイム　20～25度　20分

20～25度で20分休ませる。冬場の乾燥する時期は、固く絞ったぬれぶきんをかけて、生地が乾燥しないようにする。

#### 成形

**1** 台にとじ目を上にして生地を置き、めん棒で幅7×長さ20cmにのばす。

**2** 表面に甘納豆を散らしⓐ、横長に置いたまま手前からくるくる巻くⓑ。巻き終わりをつまんでとじるⓒ。

**3** とじ目を上にして縦長に置き、手前からくるくる巻いてⓓ、うず巻きの形にする。

**4** 天板にオーブンシートを敷いてセルクルをのせ、うず巻きを上にして入れるⓔ。

#### 最終発酵　27～28度　40分

27～28度で40分発酵させる。生地がひとまわり大きくなったら発酵終了。

＊オーブンを220～230度で予熱する。

#### 焼成　200度　15～16分

**1** 生地の中心にくるみを1かけずつのせるⓕ。

**2** セルクルの上に別のオーブンシートをかぶせ、天板をもう1枚のせる。予熱したオーブンに入れて200度で15～16分焼き、セルクルから出して、金網にのせてさます。

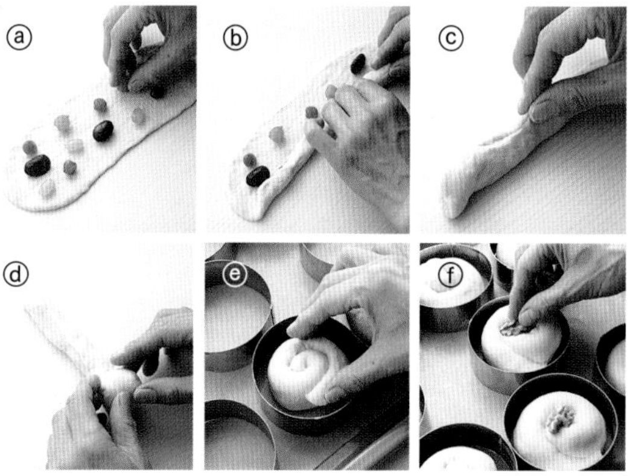

*fendu*

# ファンデュ

強力粉100%のもっちりとしたかみごたえが魅力。
ファンデュとは「ふたご」の意味で、
生地の中央をめん棒でつぶし、かわいいふたごの形にしました。
割れ目の間隔は少し大きめにすると、焼き上がりがきれいです。

## [材料]（7個分）　＊（　）：ベーカーズパーセント

| | |
|---|---|
| 強力粉（はるゆたかブレンド） | 250g（100%） |
| 塩 | 2g（1%） |
| はちみつ | 13g（5%） |
| 水 | 75g（30%） |
| 牛乳 | 15g（6%） |
| 元種 | 113g（45%） |
| バター（食塩不使用） | 25g（10%） |
| 打ち粉（強力粉）・上新粉 | 各適量 |

＊大ボウル=直径30cmのステンレス製
　中ボウル=直径21cmの耐熱プラスチック製

### こね　＊ニーダーの場合は13分

**1**　大ボウルに強力粉を入れる。

**2**　中ボウルに塩、はちみつ、水、牛乳を入れ、ミニ泡立て器で混ぜて溶かす。さらに元種を加えてよく混ぜる。**1**に**2**を加えて混ぜ、あとはP16 **こね** **6～11**を参照して作る。

### 一次発酵　27～28度　5～6時間

↓

パンチを入れる

↓

27～28度　2時間

**1**　27～28度で5～6時間発酵させる。生地がボウルの1/2くらいの高さ（約2倍）までふくらんだら打ち粉をふり、カードを生地のまわりに差し込んでボウルからはがす。

**2**　台にボウルを返して生地を出し、もう一度表面を張らせるように丸め直し、とじ目を下にして中ボウルに入れる。ラップをかけて27～28度で2時間発酵させ、生地がボウルの2/3弱くらいの高さ（約2.5倍弱）までふくらんだら一次発酵終了。

### 分割

**1**　生地に打ち粉をふり、カードを生地のまわりに差し込んでボウルからはがし、台にボウルを返して出す。

**2**　カードで7分割にする。1個が70g前後になるように調整する。生地の表面を張らせるように丸め直し、底をつまんでしっかりとじ、とじ目を下にして台の上に置く。

### ベンチタイム　20～25度　20分

20～25度で20分休ませる。冬場の乾燥する時期は、固く絞ったぬれぶきんをかけて、生地が乾燥しないようにする。

### 成形

**1**　生地を軽く丸め直して、底を指でつまんでとじるⓐ。

**2**　とじ目を下にして台に置き、生地の表面に上新粉をふるⓑ。

**3**　細いめん棒（または太めの菜箸）で生地の中央を薄くのばす。このとき、2～3cm幅にのばすと、きれいな焼き上がりになるⓒ。

**4**　オーブンシートを敷いた天板に生地をのせ、薄くのばしたところを指で押さえて天板に密着させるⓓ・ⓔ。

### 最終発酵　27～28度　30～40分

27～28度で30～40分発酵させる。生地がひとまわり大きくなったら発酵終了。

＊オーブンを220～230度で予熱する。

### 焼成　200度　9～10分

生地の表面に上新粉をふる。予熱したオーブンに入れて200度で9～10分焼き、金網にのせてさます。

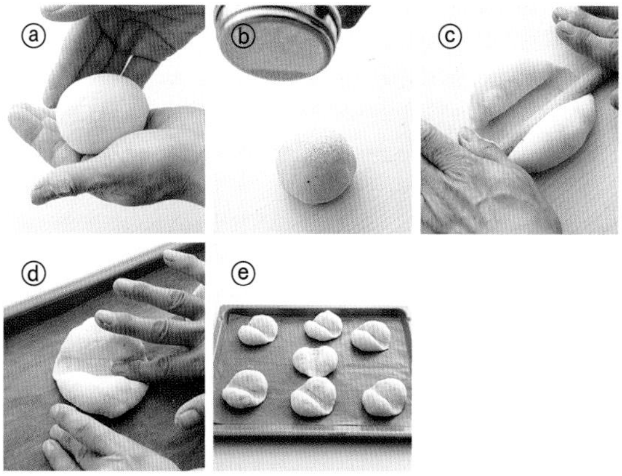

*beignet torsadé*

# ツイストドーナツ

自家製酵母を使ったドーナツは、余分な油を吸わないため、
とても軽い味わいです。初めて食べる人は、びっくりされるはず。
生地に何も入れなくても、味わい深くておいしいですよ。

## [ 材料 ]（8個分）　＊（　）：ベーカーズパーセント

強力粉（はるゆたかブレンド）……162g（65%）
薄力粉（ドルチェ）……88g（35%）
塩……2g（1%）
洗双糖……30g（12%）
牛乳……70g（28%）
卵……30g（12%）
元種……113g（45%）
バター（食塩不使用）……30g（12%）
グラニュー糖（シュクレーヌ）……適量
打ち粉（強力粉）・揚げ油（米油）……各適量

＊大ボウル=直径30㎝のステンレス製
　中ボウル=直径21㎝の耐熱プラスチック製

## [ 準備 ]

・バターは室温でやわらかくしておく。

## こね　＊ニーダーの場合は14分

**1** 大ボウルに強力粉と薄力粉を入れて混ぜる。

**2** 中ボウルに塩、洗双糖と牛乳を入れ、ミニ泡立て器で混ぜる。さらに卵、元種を加えて混ぜる。**1**に**2**を加えて混ぜ、あとはP16 **こね** **6**～**11**を参照して作る。

## 一次発酵　27～28度　6時間

↓

パンチを入れる

↓

27～28度　2時間

**1** 27～28度で6時間発酵させる。生地がボウルの1/2くらいの高さ（約2倍）までふくらんだら打ち粉をふり、カードを生地のまわりに差し込んでボウルからはがす。

**2** 台にボウルを返して生地を出し、もう一度表面を張らせるように丸め直し、とじ目を下にして中ボウルに入れる。ラップをかけて27～28度で2時間発酵させ、生地がボウルの2/3弱くらいの高さ（約2.5倍弱）までふくらんだら一次発酵終了。

## 分割

**1** 生地に打ち粉をふり、カードを生地のまわりに差し込んでボウルからはがし、台にボウルを返して出す。

**2** カードで8分割にする。1個が65g前後になるように調整する。

**3** 生地の表面を張らせるように丸め直し、底をつまんでしっかりとじ、とじ目を下にして台の上に置く。

## ベンチタイム　20～25度　20分

20～25度で20分休ませる。冬場の乾燥する時期は、固く絞ったぬれぶきんをかけて、生地が乾燥しないようにする。

## 成形

**1** 台にとじ目を上にして生地を置き、手で中のガスを抜くようにしながら、ひとまわり大きくのばすⓐ。

**2** 向こうから手前に巻き込むようにして、棒状にする。そのとき、折り返した部分の生地を張らせるように、合わせ目を手で押しながら巻き込むといいⓑ。

**3** さらに両手で転がしながら、25㎝くらいの長さの棒状にのばす。両端は少し細くするⓒ。生地の両端を上下逆方向に軽く2回ひねるⓓ。

**4** すぐに両端を持ち上げるとくるっとねじれて、ツイスト状になるⓔ。端をしっかりくっつけてとじ、ねじり終わりを下にしてキャンバス地にはさむ。

## 最終発酵　27～28度　50分

27～28度で50分発酵させる。生地がひとまわり大きくなったら発酵終了。

## 揚げる

**1** 揚げ油を170～180度に熱して生地を入れ、全体がきつね色になるまで3～4分揚げ、取り出して油をきる。

**2** 熱いうちにグラニュー糖とともにポリ袋に入れ、袋の底を軽くたたいて全体にまぶす。

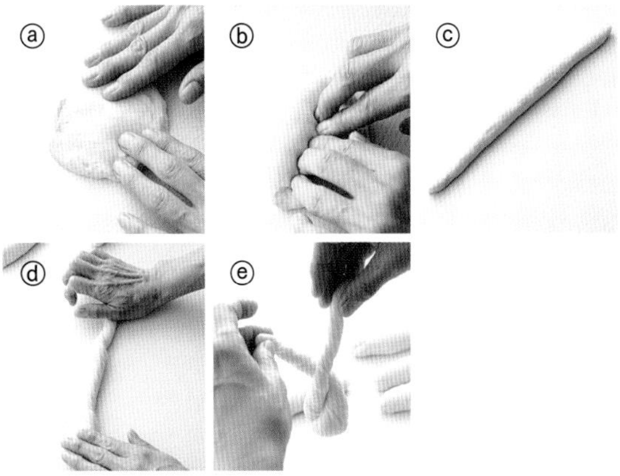

*panettone*

# パネトーネ

本来はパネトーネ種を使って作る、イタリアの伝統的なお菓子パン。
それをレーズン酵母とヨーグルト酵母の２つの種で作ってみたら、
驚くほどおいしくできて！
ドライフルーツたっぷりの生地をふわふわに焼き上げた自信作です。

**[ 材料 ]**（直径10×高さ10cm・紙のパネトーネカップ2個分）

＊（　）：ベーカーズパーセント

| | |
|---|---|
| 強力粉（はるゆたかブレンド） | 250g（100%） |
| 塩 | 2g（1%） |
| はちみつ | 13g（5%） |
| 牛乳 | 60g（24%） |
| プレーンのギリシャヨーグルト | 37g（15%） |
| 元種（レーズン種） | 88g（35%） |
| ヨーグルト種 | 25g（10%） |
| 洗双糖 | 37g（15%） |
| 卵黄 | 75g（30%） |
| 発酵バター（食塩不使用） | 100g（40%） |
| ラム酒漬けのサルタナレーズン | 75g（30%） |
| オレンジピール | 50g（20%） |
| レモンピール | 25g（10%） |
| 発酵バター（食塩不使用・仕上げ用） | 10g |
| オリーブオイル | 適量 |
| 打ち粉（強力粉） | 適量 |

＊大ボウル=直径30cmのステンレス製
　中ボウル=直径21cmの耐熱プラスチック製

**[ 準備 ]**

・ボウルに洗双糖と卵黄を入れ、ミニ泡立て器ですり混ぜておく。
・バターは1cm角に切り、冷蔵室で冷やしておく。
・オレンジピールとレモンピールは軽く洗い、水けをふいて5mm角に切る。

## ヨーグルト種の起こし方

**[ ヨーグルトエキスの材料 ]**

| | |
|---|---|
| プレーンのギリシャヨーグルト | 150g |
| はちみつ | 大さじ2 |
| 水（浄水器を通したもの） | 150g |

＊スクリュー式のふたのついた密閉瓶（容量500mℓ）を用意し、P9を参照して洗浄、熱湯消毒をする。

❶ 瓶にヨーグルトとはちみつ、水を入れ、よく攪拌してふたをするⓐ。

❷ 27度前後の暖かいところに①を置き、1日1回は瓶を返す程度に振り、ふたを開けてガスを抜く。20度以下になると酵母が発酵しにくくなる。

❸ 2日目はふたを開けると、泡が中ほどくらいまで上がるⓑ。3日目くらいになると瓶から泡が吹きこぼれるほどになり、チーズのような香りもする。これでエキスのできあがりⓒ。

❹ そのまま冷蔵室の奥に入れて保存。ゆっくり発酵しているので、ときどきふたを開けてガスを抜く。

❺ P10の「元種の作り方」と同様に、レーズンエキスのかわりにヨーグルトエキスを使って元種を作る。

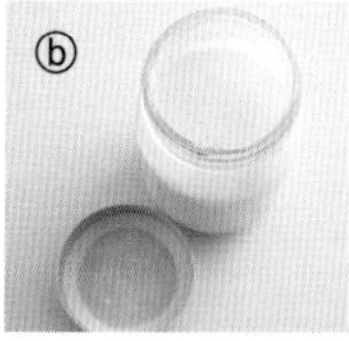

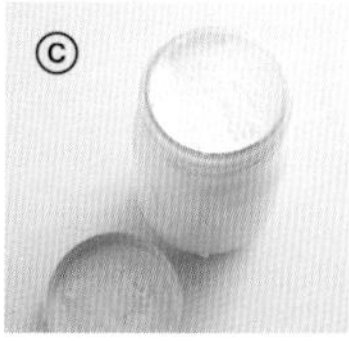

## こね

＊ニーダーの場合は、最初は13分→バターを加えて13分→ドライフルーツを加えて3分

**1** 大ボウルに強力粉を入れる。

**2** 中ボウルに塩、はちみつと牛乳を入れ、ミニ泡立て器で混ぜて溶かす。さらにプレーンヨーグルト、元種、ヨーグルト種、混ぜておいた洗双糖と卵黄を加えてよく混ぜる。

**3** **1**に**2**を加えて混ぜ、ひとまとめになったら台にのせる。途中で冷たいバターを2回に分けて、指でつぶしながら練り込む。折りたたむようにして、薄い膜ができるまでこねる。

**4** 8割がたこね上がったところで、ラム酒漬けのサルタナレーズン、準備しておいたオレンジピールとレモンピールを生地に混ぜ込む。具材をのせて包み込むようにしてこねるといい。

**5** 生地のこね上げ温度が23度になったら、生地の表面を張らせるように丸めて底をつまんでとじ、とじ目を下にして中ボウルに入れてラップをかける。

## 一次発酵　25度　8～9時間

↓

**パンチを入れる**

↓

**25度　2時間30分～3時間**

**1** 25度で8～9時間発酵させる。生地がボウルの2/3くらいの高さ（約2.5倍）までふくらんだら打ち粉をふり、カードを生地のまわりに差し込んでボウルからはがす。

**2** 台にボウルを返して生地を出し、もう一度丸め直し、とじ目を下にして中ボウルに入れる。ラップをかけて25度で2時間30分～3時間発酵させ、生地がボウルの2/3強くらいの高さ（ラップから1㎝下）までふくらんだら一次発酵終了。

## 分割

**1** オリーブオイルを生地、台、スケール、手、カードにつける。カードを生地のまわりに差し込んでボウルからはがし、台にボウルを返して出す。

**2** 生地の中のガスを抜かないようにそっと2分割する。1個が410ｇ前後になるように調整する。

## 成形

＊ベンチタイムなし。分割後すぐに成形する

**1** 手と生地にオリーブオイルをつけて、生地のとじ目を上にして台に置き、生地の折り山を張らせるようにして、手前に向けて半分に折るⓓ。

**2** 生地を縦長に置いて、同じように半分に折るⓔ・ⓕ。

**3** これをあと2回繰り返したら、表面の生地を張らせるようにして丸め、台の上で生地を回しながら山高になるように整えるⓖ。

**4** 底を指でつまんで軽くとじⓗ、とじ目を下にして生地をわしづかみにし、吊り上げるように持ってパネトーネカップの中に入れる。

**5** 指先をまわりに差し込んで生地の表面を張らせるⓘ。極力、ガスを抜かないようにして成形する。

## 最終発酵　28度　2時間

28度で2時間発酵させる。生地のてっぺんがカップの縁と同じ高さになれば発酵終了。

## 焼成　コールドスタート100度　10分 → 150度　10分 → 180度　20分

**1** 生地の表面にクープナイフで3～5㎜深さのクープを、十字に端までしっかりと入れる。

**2** 切った部分の三角の頂点を持って、切り込みながらめくり上げⓙ、元に戻す。仕上げ用の発酵バターを8個に切って、4個ずつ切り込みにのせるⓚ。

**3** 天板にのせて100度で10分、150度で10分、180度で20分焼く。すぐに底から3㎝くらいに金串を2本刺し、逆さに吊るしてさますⓛ。表面の生地がへこまずにすむ。

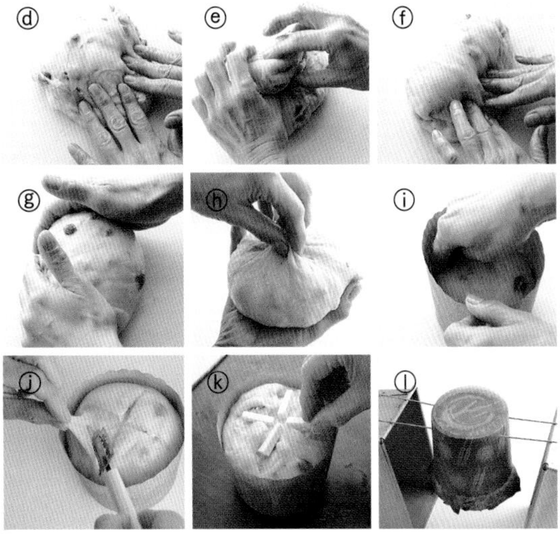

SHEFFIELD
SUPER STAINLESS

*"stollen de minuit" au chocolat et aux fruits secs*

# 真夜中のシュトレン

ドライフルーツ、ナッツ、チョコレートをたっぷり詰めた自家製ならではの
ゴージャス＆大人向きのシュトレン。焼き菓子のようなほろほろ、サクサクの食感が自慢です。

## ［材料］（3個分）　＊（　）：ベーカーズパーセント

強力粉（はるゆたかブレンド）……125g（50%）
薄力粉（ドルチェ）……100g（40%）
カカオパウダー（ヴァローナ）……25g（10%）
シナモンパウダー……3g（1.2%）
ナツメグ……少々
塩……2g（1%）
はちみつ……20g（8%）
生クリーム（脂肪分36%）……83g（33%）
元種……113g（45%）
発酵バター（食塩不使用）……113g（45%）
アーモンドプードル……50g（20%）
カカオニブ（ヴァローナグリュエドカカオ）
……30g（12%）

**A** ラム酒漬けのレーズン……75g（30%）
　セミドライアプリコット……50g（20%）
　オレンジピール……25g（10%）
　製菓用チョコレート
　　（ヴァローナフェーブカライブ）……50g（20%）
　くるみ……50g（20%）
　ピスタチオ（生・皮なし）……13g（5%）
　アーモンド（ホール）……25g（10%）

**B** 赤ワイン漬けの白いちじく……2と¼個
　赤ワイン漬けの黒いちじく……4と½個

仕上げ用のバター（食塩不使用）……120g
粉砂糖（オリゴ糖入り）……適量
ラム酒・溶けない粉砂糖……各適量

＊大ボウル＝直径30㎝のステンレス製
　中ボウル＝直径21㎝の耐熱プラスチック製

## ［準備］

- 発酵バターは1㎝角に切って、冷蔵室で冷やしておく。
- **A** のセミドライアプリコットは4つに切り、オレンジピールは軽く洗って3～5㎜角に切る。
- チョコレートは4つに切る。
- くるみ、ピスタチオ、アーモンドは150度のオーブンで10分焼き、くるみを粗めに砕く。
- **B** の白いちじく1個は4つに切り、黒いちじく1個は半分に切る。

## こね　＊ニーダーの場合は具材を混ぜる前まで8分 →

**1** 大ボウルに強力粉、薄力粉、カカオパウダー、シナモンパウダー、ナツメグを入れ、カードでざっと混ぜる。

**2** 中ボウルに塩、はちみつと生クリームを入れ、ミニ泡立て器で混ぜて溶かす。さらに元種を加えてよく混ぜる。

**3** **1**に冷たいバターを加え、カードで切るようにして粉と混ぜる。

**4** さらに指でバターのかたまりをすりつぶすようにして粉と混ぜる。

**5** 全体がほぼ混ざったら、アーモンドプードルを加えて混ぜる。さらに**2**を加え、カードで粉に水分を吸わせるようにして混ぜる。

**6** 生地がまとまってきたら、カカオニブを加えて手で押さえつけるようにしてこね、ひとまとめにする。

**7** 台に生地を出して、さらにこねる。バターがなじんだら生地を丸めて、手で押して手のひら大に丸くのばす。

**8** 上半分に準備しておいた**A**の半量強をナッツ、チョコレート、ドライフルーツ、レーズンの順にのせて、手で軽く押さえる。

**9** カードで生地を横半分に切り、切った生地を具材の上に重ねる。

**10** 左半分に残りの具材の半量強を同様にしてのせる。カードで縦半分に切って、切った生地を具材の上に重ねて4層にする。

**11** 最後に残りの具材をのせる。

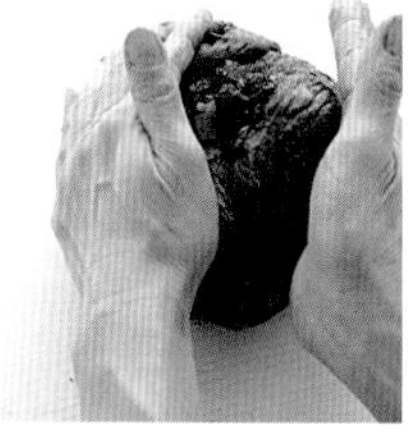

**12** 生地の両端を持ち上げて包み、さらに三角の頂点を持ち上げて具をおおうように包み込む。

**13** カードでひっくり返して具が出ないように丸め、底をつまんでとじる。

**14** とじ目を下にしてポリ袋に入れる。

## 一次発酵

| | |
|---|---|
| 冷蔵室 | 12～18時間 |
| ↓ | |
| 室温（20度以下） | 1時間 |

冷蔵室に入れ（5～7度）、12～18時間発酵させる。室温（20度以下）で1時間置き、常温に戻す。

## 分割

1個あたり315g前後になるように、放射状に3分割する。生地は中に具材が詰まって堅いので、スケッパーではなく包丁を使用。

## ベンチタイム

＊ベンチタイムはなし

＊ただし、生地が冷たくて成形しにくい場合は、20度以下の涼しいところで10～20分置く。

＊オーブンを220～230度で予熱する。

## 成形

＊20度以下の涼しいところで行う

**1** 生地をのばしやすくするため、大きめの具材だけ取り出し、生地を丸め直す。

**2** とじ目を上にして生地を置き、手のひらでつぶして平らにする。さらにめん棒で縦18×横14㎝くらいの楕円にのばす。このとき、大きめの具材があれば取り出し、穴があいたら生地でふさいで、めん棒でのばしながら形を整える。のばした生地の上から1.5㎝下のところに、指でくぼみをつける。

**3** さらにめん棒で生地の中央に1本、横にくぼみをつける。このくぼみに**B**を交互にのせて、取り出した具材も全体にのせる。

**4** いちじくを置いたところを目安にして、**3**のくぼみに向かって2つ折りにする。

**5** 合わせ目をしっかり押さえ、指でつまんでとじる。さらに、手で生地全体を軽く押さえて形を整える。

**6** 天板にオーブンシートを敷いて、とじ目を内側にして向かい合うように生地を並べる。こうすると、火の通りがよくなる。

## 焼成

| 200度 | 40～45分 |
| --- | --- |

予熱したオーブンに入れ、200度で40～45分焼く。

## 仕上げ

**1** 鍋に仕上げ用のバターを入れて弱火にかけ、完全に溶けたら火からおろす。焼き上がったシュトレンが熱いうちに、表面にラム酒をハケでぬる。続いてバターの鍋にシュトレンを1個ずつ入れ、別のハケでバター液を全体にぬり、網つきのバットにのせて余分なバターをきる。

**2** オリゴ糖入りの粉砂糖をバットに入れ、シュトレンにまぶす。上下を返しながらたっぷりと。ラップでぴっちりと包み、20度以下の涼しいところで1～3日置いてなじませる。食べるときに、溶けない粉砂糖を茶こしでふりかける。食べごろは3日目。日持ちは20度以下の涼しいところで1週間。

# 材料

## [ 強力粉 ]

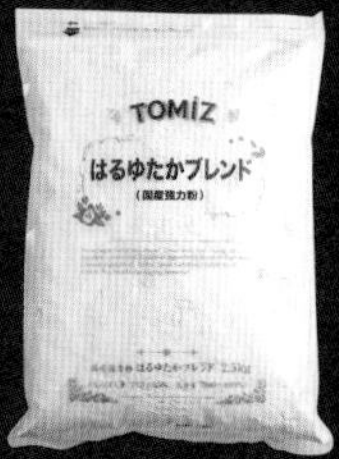


### はるゆたかブレンド

もちもち感と香ばしい甘みが特徴で、今回は基本の粉としてすべてのパンで使っています。国産の粉の中では、タンパク質が多くて扱いやすいです。／Ⓐ

### はるゆたか100%

はるゆかた小麦のみを原料に、その香りやおいしさを生かしてひいた強力粉。／Ⓒ

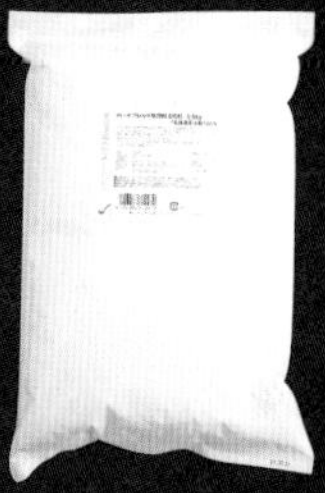

### E65

小麦の香りを最大に引き出したハード系パン用の粉で、バゲット、クッペ、リュスティックなどで使っています。この粉で作る生地は焼き上がると皮がパリッとして、かめばかむほど粉の味が感じられます。／Ⓒ

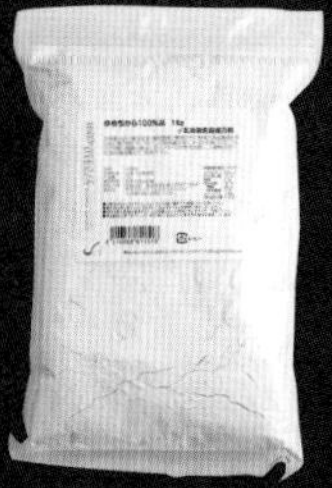

### ゆめちから100%

グルテンの含有量が多い、超強力粉。弾力が強く、もっちり、むっちりした食感のパンが楽しめます。甘みがありしっとり感も長持ちします。／Ⓒ

## [ 薄力粉 ]

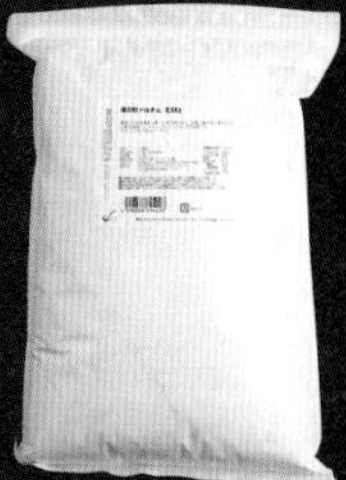

### ドルチェ

パンにやや軽さを出したいときに、これを強力粉に混ぜて使います。パサつきがないしっとりとした焼き上がりになります。今回はピザで使用。／Ⓒ

## [ 上新粉 ]

### 上新粉

米を粉状にしたもので、粒子が細かくサラサラしているのが特徴。バゲットやリュスティックなどベタつく生地にふったり、布取りするときにキャンバス地にふります。／Ⓐ

## [ 全粒粉 ]

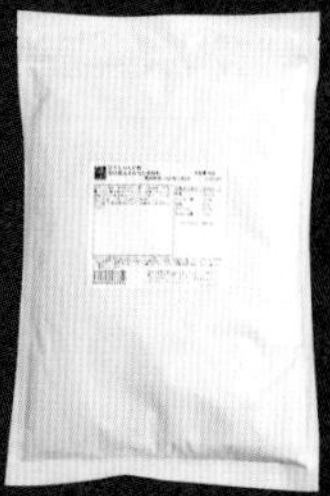

### はるゆたか 石臼びき全粒粉

小麦を丸ごと石臼でゆっくりひいた粉で、独特の香りとほのかな酸味があります。精製していないためミネラルや食物繊維が豊富。今回はカンパーニュなどで強力粉に混ぜて使っています。「ひでちゃん小麦 はるゆたか石臼挽全粒粉」／Ⓑ

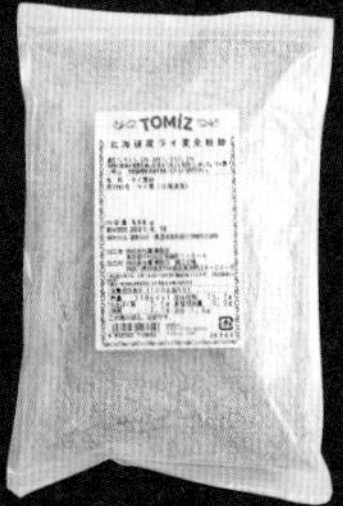

### ライ麦全粒粉（粗びき）

ライ麦を粗めにひいた茶色っぽい粉で、独特の酸味と甘みがあります。皮にバリバリ感を出したいときに、強力粉に混ぜて使っています。ライ麦は発酵が進みやすく、長く発酵させると酸味が出るので注意して。／Ⓐ

## [ 胚芽 ]

### 小麦胚芽

栄養豊富な胚芽部分を含んだ、独特の香ばしさと素朴な風味がある粉。ローストしてあるものを使っていますが、もう一度フライパンでカラいりして使うと香りが一段と際立ちます。／Ⓒ

## [ レーズン ]

### 有機レーズン

レーズンエキスを作るときに使います。必ずノンオイルコーティングのものを使います。原材料名に「植物油」と書かれていないのが目印。オイルつきのものは発酵しないので注意してください。／Ⓓ

## [ バター ]

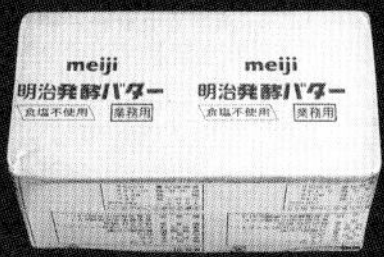


### 発酵バター（食塩不使用）

原料のクリームに乳酸菌を加えて発酵させたもの。軽い酸味と強い風味があります。／Ⓐ

### バター（食塩不使用）

今回はほとんどの生地に食塩不使用のバターを使っています。／Ⓐ

## [ 牛乳 ]

### よつ葉 4.0 牛乳

多くの生地作りに牛乳を使っていますが、ほとんどは家庭にあるものでOK。でもコクを出したいときは、乳脂肪分の高い 4.0%を使っています。ここでは湯種食パン、くるみのパンで使用。

## [ 生クリーム ]

### 生クリーム

乳脂肪分 36%のものを使用。特に記載がないときは普通のもので大丈夫です。

## [ 砂糖 ]

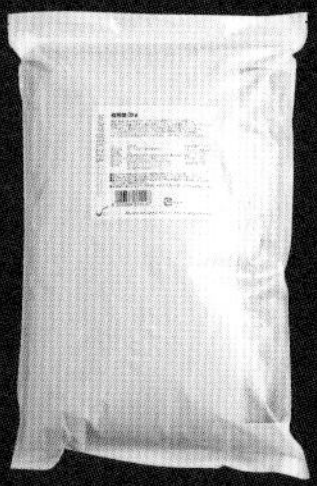

### 洗双糖（粗精糖）

サトウキビから作られる、精製度の低い薄茶色の砂糖。黒砂糖に比べてまろやかでクセがなく、ミネラルをたっぷり含んでいます。パン生地にちょっぴり甘みを加えるときは、この洗双糖かはちみつを使っています。／Ⓒ

## [ はちみつ ]

### はちみつ

生地作りに使っています。強い風味やクセのない、ノーマルなものが適しています。

## [ オイル ]

### スプレーオイル

スプレー式のサラダ油。型にひと吹きするだけで、焼き上がったパンの型離れがよくなります。主に食パン型に使っています。／Ⓐ

**[ P92-95 商品の取り扱い先 ]**

Ⓐ TOMIZ（富澤商店）http://tomiz.com/

Ⓑ ママパン WEB 本店
https://www.mamapan.jp/item/1100t267

Ⓒ こだわり食材 572310.com 楽天店
https://www.rakuten.ne.jp/gold/nk/

Ⓓ ノヴァ https://www.nova-organic.co.jp/

Ⓔ 新井商店　TEL03-3841-2809

Ⓕ 浅井商店　TEL03-3841-8527

特に記載のないものは、楽天市場などネットショップで購入できます。

# 道具

### ボウル

粉類の計量や材料をこねたりするときは、直径 30cmのステンレス製の大ボウルを使用。直径 21cmの耐熱プラスチック製の中ボウルは、液体と元種を混ぜたり、生地を発酵させるときに使います。

### カード　ゴムベラ

材料を混ぜたり、ボウルについた生地をきれいにはがしたり、分割するときに使います。

### スケール

この本では分量を細かく出しているので、最小単位が 1g のデジタル式を使って正確に計量してください。

### 温度計

バゲットなどの生地温度を計るときに使います。デジタル式とアナログ式があります。

### 定規　生地取り板

生地をのばしたり、成形するときは、目測ではなく定規できちんと測って、レシピ通りの長さや幅にします。生地取り板はバゲットなどのように長くて、やわらかい生地を移動するときに使います。目盛りつきなので、同じ長さに仕上げるときに便利。

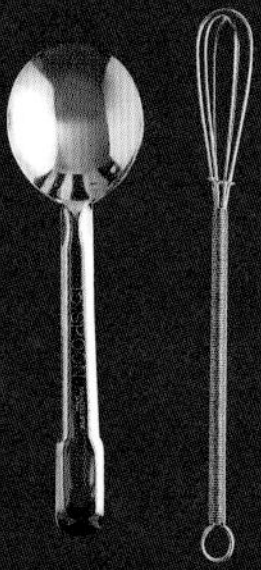

### 計量スプーン　ミニ泡立て器

計量スプーンは元種をすくったり混ぜるときに使い、平たくて浅いタイプの大さじがおすすめ。ミニ泡立て器は水や牛乳で砂糖を溶かしたり、元種や生クリームなど、液体の材料を混ぜるときに使います。手早く、ムラなく混ぜるのに、この小さいサイズが重宝します。

### めん棒（小）　ガス抜きめん棒

ファンデュのような小さめの生地の一部分を薄くのばすときは、細くて小さいめん棒が使いやすいです。太めの菜箸で代用しても OK。ほとんどの生地をのばすときは、表面に凹凸があるめん棒を使います。生地内のガスを適度に抜きながら均一にのばすことができます。

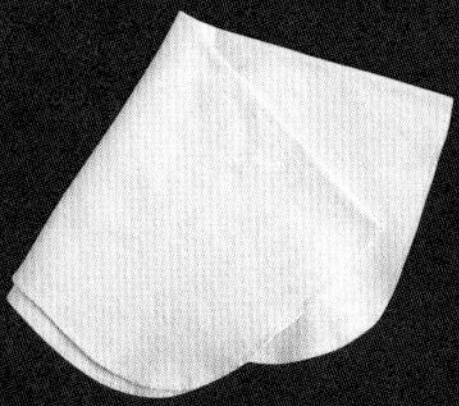

### キャンバス地

生地にかけて乾燥を防いだり、最終発酵させる際に形がくずれないよう布取りしたり、ベタつく生地のベンチタイムに使います。

### 茶こし

仕上げの上新粉やきな粉、粉砂糖をふるときに使います。少量の粉をふるうときも便利です。

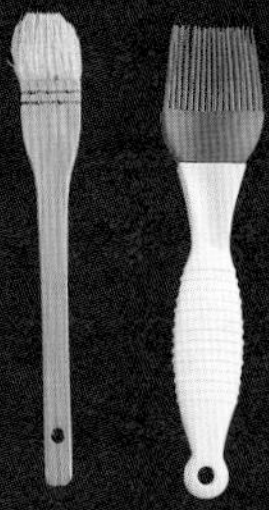

### ハケ（2種類）

生地の表面に溶き卵をぬるときは、動物の毛を使ったハケで。溶かしバターやオリーブオイルをぬるときは、シリコン製のほうが洗いやすいので便利です。

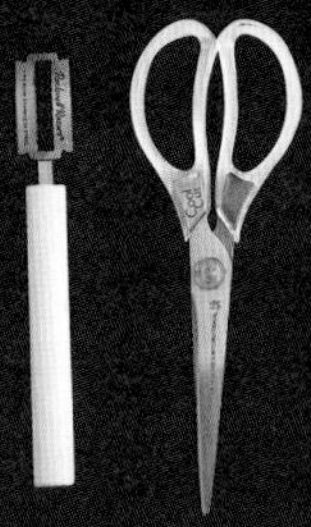

### クープナイフ　ハサミ

生地にクープを入れるときのもので、両刃つきの専用ナイフを使ってください。ハサミはエピに切り込みを入れるときに。この場合は文房具用のハサミが最適です。

### 霧吹き

ハード系のパンを焼く直前に、オーブンの奥に向かって熱めのぬるま湯を吹きかけるときに使います。庫内に蒸気を充満させることで、表面がパリッと仕上がり、クープがきれいに開きます。

### オーブンペーパー

パンを焼くときに天板や型に敷くもので、生地がこびりつかずにツルッと出せます。ほかに、ガラス繊維をフッ素樹脂加工したものもあります。何度でも洗って使えるので経済的です。

### 食パン型

パン・カレや湯種パン、レーズンパンなど、食パンを作るときの型です。ふたをすれば角食に、しなければ山形のパンに。ここでは1斤型：(上部)縦19×横9.5×高さ9㎝／(底)縦17×横8.5㎝／(容積)1463㎤を使っています。／Ⓔ

### 丸型バヌトン<br>オーバル型バヌトン

カンパーニュで使っている発酵用のかごで、表面におなじみの縞々の模様がつきます。ここでは直径19㎝の丸型と、長さ19㎝の楕円形(オーバル)を使っています。／Ⓕ

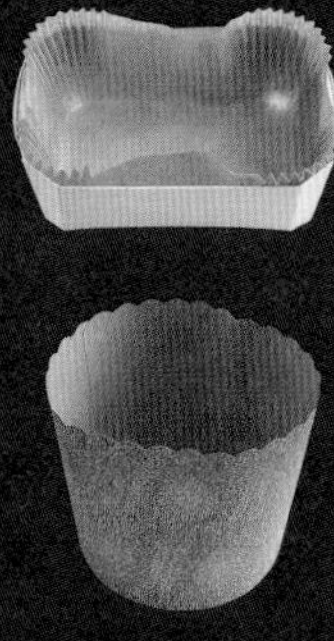

### パニムール型<br>パネトーネカップ

パニムール型は縦14×横9.5×高さ5㎝で、ポプラの木で作られていて数回繰り返し使えます。火のあたりがやわらかでソフトなパンに。くるみのパンで使っています。パネトーネカップは直径10×高さ10㎝のパネトーネ専用カップ。紙製なので使い捨てです。

### 角型セルクル<br>丸型セルクル

角型セルクルは18×18×高さ4㎝の正方形の型で、デザートフォカッチャで使っています。／Ⓕ　丸型セルクルは、直径8.5×高さ5㎝のものはマフィンで使用。／Ⓐ　直径8.5×高さ3㎝のものはきな粉あんパン、豆パンで使用。／Ⓔ

**太田幸子**
**（おおた・さちこ）**

埼玉県生まれ。子供のころからパンが大好きで、パン講習に通っているうちに夢中になり、ＡＢＣ Cooking Studio の講師資格を取得。そこで、4 年間パンの講師を務める。その後、さまざまな教室や講習会に参加し、天然酵母のパンのおいしさに目覚める。都内の天然酵母パン教室のアシスタントを務めたのち独立し、パン教室＆工房「Atelier Le Bonheur　アトリエ ル ボヌール」を開設。自家製レーズン酵母とホシノ天然酵母で作るパンを教えている。教室は大人気で、現在満席の状態。

Atelier Le Bonheur
http://www.a-l-bonheur.com/

撮影／野口健志
デザイン／高橋朱里、菅谷真理子（マルサンカク）
取材／菊池香理
スタイリング／中里真理子
調理アシスタント／西川郁美
校閲／滄流社
編集／上野まどか

**「自家製酵母」で作るワンランク上の**
**食パン、バゲット、カンパーニュ**

著　者　太田幸子
編集人　足立昭子
発行人　倉次辰男
発行所　株式会社主婦と生活社
〒104-8357 東京都中央区京橋 3-5-7
TEL03-3563-5321（編集部）
TEL03-3563-5121（販売部）
TEL03-3563-5125（生産部）
https://www.shufu.co.jp
製版所 東京カラーフォト・プロセス株式会社
印刷所 共同印刷株式会社
製本所 株式会社若林製本工場

ISBN978-4-391-15597-6

**読者アンケートにご協力ください**

この度はお買い上げいただきありがとうございました。『「自家製酵母」で作るワンランク上の食パン、バゲット、カンパーニュ』はいかがでしたでしょうか？　右上の QR コードからアンケートにお答えいただけると幸いです。ご協力いただいた方の中から、抽選で 20 名様に、小社刊行物（料理本）をプレゼントいたします（刊行物の指定はできませんので、ご了承ください）。
当選者の発表は商品の発送をもってかえさせていただきます。
お送りいただいた個人情報は、今後の編集企画の参考としてのみ使用し、他の目的には使用いたしません。詳しくは当社のプライバシーポリシー（https://www.shufu.co.jp/privacy/）をご覧ください。



※本書は『自家製酵母で作るワンランク上のハード系パン』『自家製酵母で作るワンランク上のスイーツ系パン』（ともに小社刊）に、新規取材を加えて再編集・書籍化したものです。